JN410263

이진영 수필집

종이 피아노

종이 피아노

이진영 수필집

1판 1쇄 인쇄/ 2013년 7월 10일
1판 1쇄 발행/ 2013년 7월 15일

지은이 / 이 진 영
펴낸이 / 우 희 정
펴낸곳 / 도서출판 소소리

등록 / 제300-2007-21호
주소 110-521 서울 종로구 명륜동 1가 33-90
경주이씨 중앙회빌딩 302-1호
전화 / 765-5663, 766-5663(Fax)
e-mail: sosori39@hanmail.net
www.sosori.net

값 10,000 원

*잘못된 책은 바꿔드립니다.

ISBN 978-89-97294-39-8 03810

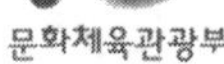

*이 책은 문화체육관광부, 한국문화예술위원회 추진, 2013 복권기금을 지원 받아 발간되었습니다.

종이 피아노

이진영 수필집

책을 내면서

아파트 뒤 숲을 산책하다가 둥치에 깊게 패인 상처를 안은 나무 한 그루를 보았습니다. 나무는 실한 가지를 뻗어 푸른 잎을 무성하게 거느린 채 여느 나무와 다름이 없이 당당하게 서 있습니다. 상처는 나무와 하나였던 겁니다. 상처를 품었기에 아프지만 절망하지는 않았던 거죠.

살아간다는 건 상처를 입고 상처를 치유하며 상처와 함께 가는 시간이 아닐까요.

나는 상처를 몸 안에 숨겨두고자 했습니다. 소리를 내며 몸 밖으로 나오려 할 때마다 더 큰 상처를 만들고는 했습니다. 그리고 많이 아프다고 했습니다.

어느 날 내 상처들이 내는 소리에 귀 기울여 보고 싶어졌습니다. 나는 이제껏 들으려하지도 않았습니다. 그런데 문득 하나님은 스스로 자신의 노래를 연주할 수 있도록 몸 속 어느 곳엔가 어릴 적 기억 속의 종이 피아노를 숨겨 놓았을지도 모른다는 생각이 들었습니다. 악기는 누르고 불고 두드려 울림통을 건드려야 소리를 낼 수 있습니다. 아름다운 소리를 내기 위해서는 자신 있는 손놀림과 열정이 필요하겠지요. 상처 역시 부딪혀서 아픔을 끌어내야만 진한 감동의 떨림이 전해집니다. 껍질뿐인 종이 피아노에게 혼을 불어넣어 아름다운 연주를 할 수 있을 때 비로소 상처들의 노래가 들리지 않을까요.

상처의 소리가 하나하나 음표를 달고 하늘로 날아갑니다. 물고기로 바다 속을 유영합니다. 꽃으로 피어납니다. 비로소 상처로부터 놓여난 자유입니다.

그 자유들이 들려주는 노래와 몸짓이 부족하지만 저의 글이 되었습니다. 상처를 안고도 사명을 다하는 나무처럼 실한 가지를 뻗어 성숙해질 거라는 꿈을 갖습니다. 때론 서늘한 감동으로 삶의 열기를 식혀주며, 때론 불꽃으로 춤추는 나무처럼 누군가의 가슴을 따뜻하게 데울 수 있다면 하는 바람도 갖습니다.

하나님, 나를 흔드는 바람이 되어주셔서 감사합니다. 그 흔들림이 있어서 정체되지 않은 삶을 항해하고 있습니다. 하나님, 목적지가 되어 주셔서, 정처 없는 표류자가 아님을 감사드립니다.

책을 낼 수 있게 지원해준 한국문화예술위원회 '복권기금 문화나눔'에 감사드립니다.

2013년 7월 수리산 자락에서

1. 춤추는 나무

2. 그림을 그리면서

3. 그대 발길 돌리는 곳

4. 혼자 먹는 밥

1.
춤추는 나무

운명적 선택이 아닌, 운명을 만들어 갈 수 있는
축복받은 그대들, 자신만의 색과 향기를 품어
최선의 작품을 남기지 않으시렵니까.

지공자 이야기

나는 바람에 날려갈 만큼 가볍습니다. 나는 산처럼 크지도 않습니다. 흔히 가벼운 존재나 대단치 않은 것들에 대한 무관심이 얼마나 서러운지도 아실 겁니다. 그러나 나의 실제적 무게가 결코 가볍지 않다는 걸 금세 알게 되실 겁니다.

나의 비중이 산을 능가한다는 걸 깨닫게 되는데 그리 긴 시간이 소요되지 않습니다. 아이들이 시간의 날개를 타고 순식간에 어른스러워지는 것처럼, 나의 가치에 대한 인식 또한 순식간에 이루어집니다.

이야기 하나

어느 날, 빌딩 옥상에서 정신이 이상한 남자가 신사임당이 머물고 계신 나를 한 뭉치 뿌렸습니다. 나는 햇살을 안고 반짝이면서 잠시 하늘을 날다가 땅으로 추락했습니다. 이어 바람에 날려 이리저리 흩어졌습니다. 이 광경을 목격한 사람들은 얄팍한 나를 한 장이라도 더 잡기에 혈안이 되어 앞사람을 밀치고 뒷사람에게 치이면서도 달려들었습니다.

등 돌린 애인을 붙잡는 손길이라 한들 그리 결사적일 수 있겠는지요. 그들이 잡으려는 것은 단순히 내가 지닌 형태가 아니라 내가 지니고 있는 물질의 가치, 그리고 그 가치로 바꿀 수 있는 또 다른 대가였겠지요.

아이들도 철이 들면서 한 장이라도 더 갖고 싶어서 안달이 나고, 철 든 어른들마저 목숨과도 바꿀 만큼 대단하게 여깁니다. 치사해도 좋은 것, 더러워도 갖고 싶은 것, 없는 것보다 있는 게 적은 것보다 많이 있는 게 훨씬 좋은, 내가 안고 있는 돈 이야기입니다.

이야기 둘

앞뒷면에 빼곡히 활자 옷을 막 걸치고 나왔습니다. 잉크냄새가 진합니다. 나는 이 순간이 참 좋습니다. 그리고 마구간에서 뛰쳐나온 망아지처럼 신도 납니다. 이상하지요. 세계 여러 나라의 사건 등, 그리 많은 이야기를 담고 있는데도 금세 어느 곳으로라도 뛰어갈 수 있을 듯이 몸이 가뿐합니다. 아니 훨훨 날아갈 것도 같습니다. 차가운 바닥으로 휙 던지는 빠른 배달원의 손놀림으로 독자와 만나는 순간은 어떻고요. '기절할 듯이 반갑다.' 이런 표현이 딱 맞습니다.

나를 만나는 이들의 반응은 다양합니다. 사회면부터 차례로 읽어가는 이들이 있는가 하면 코스피 지수를 먼저 훑어 내리는 이도 있습니다. 아파트 매물광고를 먼저 들여다보는 이도 있습니다. 연재만화를 보거나 텔레비전 프로를 찾는 이도 있습니다. 정보와 재미를 다 품고 있는 내가 참 자랑스러웠지요. 그러나 이리저리 들추는 통에 어느새 몸이 후줄근해집니다. 누군가에게 유익함을 준다는 건 나를 버리는 것이라는 걸 깨닫게 되는 순간 금세 쓸모없는 존재가 되어 버려졌지요.

그러나 얼마 후 주인에게 버림받은 내가, 어느 노숙자에게 필요한 존재로 거듭 났다는 사실을 전하고 싶습니다. 노숙자 아저씨는 나를 이리저리 뒤적거리며 읽었습니다. 마지막으로 '오늘의 운세'를 보고나서 얼굴과 어깨를 덮고는 몸을 웅크린 채 잠이 들었습니다. 대통령의 사진도, 영화배우 현빈의 모습도 노숙자의 구부린 어깨 위에서 웃고 있습니다. 노숙자에게는 잠시나마 초라한 현실을 감싸주는 얇지만 따스한 이불이 됐습니다. 나의 또 다른 모습, 신문 이야기입니다.

이야기 셋

부드럽고 풍부한 손길이 나를 스치는 듯 지나칩니다. 아, 어느새 풀숲 사이로 길이 드러납니다. 자근자근 작은 돌이 나를 밟고 갑니다. 숲가에 하얀 모자를 쓴 소녀가 허리를 구부리고 들꽃을 따고 있습니다. 누군가에게 꽃다발을 만들어 주려는지 모르겠습니다. 아니, 꽃이라기보다는 산앵두 같은 들꽃 열매를 따고 있는지도 모르겠습니다. 소녀의 주위에 들풀이 부드럽게 춤추고 있습니다. 풀은 바람과 절대로 맞서지 않습니다. 저항하기보다는 가슴을 열어 그대로를 받아들입니다. 하나 된 몸짓으로 껴안습니다.

저만치 언덕 위에 하얀 집 한 채가 있습니다. 하늘엔 붉은 구름이 번져나갑니다. 내 안에도 구름이 흐릅니다. 잔잔한 평화가 숨 쉽니다.

존재해야 할 곳에 존재하는 자연의 어울림이 내 안에서 다시 태어납니다. 있는 그대로를 받아들이는 것이 아닙니다. 화가는 사실 위에 영혼을 얹습니다. 사람들은 자연의 혼이 숨 쉬는 소리를 들으며 풍경 속을 거닙니다. 나에게서 풀잎향이 납니다. 내 가슴 위에 펼쳐진 그림 이야기입니다.

그리고…

나는 날개가 없지만 넓은 세상을 다닐 수 있습니다. 소리를 내지 못 하지만 악보가 되어 소리를 담을 수 있고, 사진이 되어 순간을 잡아둘 수도 있습니다. 아름다움에서부터 추함까지, 가장 높은 곳에서부터 가장 낮은 곳까지 모두를 품을 수 있습니다. 사랑의 절절한 사연을 담아 그대를 찾아가기도 했습니다. 불쏘시개가 되어 그대 가슴을 활활 태웠던 때를 잊지 않으셨지요. 꿈을 안은 연(鳶)이 되어 바람타고, 독수리처럼 위풍당당하게 하늘을 날 때는 기분이 최고였습니다.

슬퍼하는 이의 눈물을 훔쳐 주기도 했고 오물이나 더러움을 기꺼이 닦아주기도 했습니다. 나의 탄생은 지식이 전파되는 속도를 높여 문화발전이 빠르게 이루어질 수 있도록 했답니다. 경제활동의 편리함도 보태졌고요. 그래서 고맙다고 칭찬을 받기도 했지만 한편, 탐심에 의한 속된 존재로 낙인이 찍히기도 하고, 과정보다는 결과만을 탐하는 이들에 의해 쉽게 구겨져 버려지기도 했습니다.

나, 종이가 담을 수 있는 각각의 이야기처럼, 당신네들도 한 장뿐인 삶의 갈피를 무엇으로 채울까 생각해보셨습니까? 운명적 선택이 아닌, 운명을 만들어 갈 수 있는 축복받은 그대들, 자신만의 색과 향기를 품어 최선의 작품을 남기지 않으시렵니까.

문지방에 서서

'문지방이 없다' 최신 아파트로 이사 간 친지를 방문했을 때 난 촌뜨기처럼 중얼거렸다. 탁 트인 넓은 거실과 안방 그리고 모든 공간 사이에 구별된 문지방이 없다. 넘어서는 것이 아니라 그저 미끄러지듯이 부드럽게 드나들 수 있다.

우린 구별이 없는 공간에서 쉽고 편리한 세상을 이야기하면서 이전에 살았던 한옥을 떠올렸다. 한옥은 건축 구조상 문이 미닫이가 아니고 여닫이다. 그래서 문을 정확하게 닫고 맞춰야 했기 때문에 문지방이 있어야 했다. 그러나 문지방이 단순한 가옥구조의 일상적인 경계선뿐이 아닌 외부의 나쁜 기운을 차단하고, 내부를 보호하는 상징적인 의미도 있다고 생각했다.

우선 대문을 넘어서면서 높은 문지방을 넘어야 했다. 바깥세상과 집안을 연결해주는 문지방은 그곳을 밟고 드나들었을 버거운 세월의 흔적을 안고 납작하게 닳아있게 마련이다.

얼핏, 문밖의 나그네와 문안 종의 대화를 엿듣는다.

"이리 오너라! 아무개가 왔다고 여쭈어라."

"들어오시라고 여쭈랍니다."

혹 그냥 돌아가시라는 전갈이라도 오면, 객(客)은 문전 박대를 서러워하면서 문지방 한 번 넘지 못하고 뒤돌아설 수도 있지 않겠는가.

찾아오는 이가 많고 문이 항상 열려 있는 곳이라면, 문지방 역시 수많은 이들이 떨어뜨린 사연들을 가늠하느라 한가롭지 않을 것이다. 그러나 그렇지 못해서 드나드는 이가 드문 곳이라면, 주인의 탁 트이지 못한 성품을 탓하거나 등 돌린 인심을 원망하면서 꼬박꼬박 졸고 있을 수밖에 없으니 그도 한심스럽다.

그렇게 대문 문지방을 넘었다. 양반집에서는 지위가 높으면 높을수록 문지방이 높다. 문지방을 밟는 것은 그 집의 조상들의 머리를 밟는 것과 마찬가지로 취급을 했을 정도로 신령한 공간으로 생각했다. 그래서 문지방을 넘어선다는 것이 단순한 동작이 아니라는 생각이 든다. 문지방을 넘어섬으로 또 다른 구별된 공간과 하나가 되는 것이기 때문이다. 그 공간을 소유한 이들과 하나가 될 수 있기 때문이다.

툇돌을 밟고 대청으로 올라서 본다. 대청과 안방 사이에도 문지방이 있다. 건넌방과 대청 사이에도 문지방이 있다. 시어머니가 거처하는 안방과 건넌방 며느리와의 사이에도 높은 문지방이 뚜렷하게 존재한다. 시어머니는 안방 문지방 너머에 앉아 며느리를 꾸짖고, 계집종을 나무란다. 외부와 내부, 구별된 공간을 가르고 또 그 공간의 구분을 이어주는 문지방은, 함부로 넘나들 수 없는 뚜렷한 신분의 차이를 일깨워 주는 선(線)이기도 했다.

우리나라 가옥에 문지방이 높은 이유 중 하나로 문을 경계로 내세와 현세가 구분된다고까지 생각했기 때문도 있다. 즉 인간들이 살고 있는 방안을 현세로 보았으며 그 밖을 내세, 즉 영혼들이 떠도는 세계로 생각한 거다. 그래서 구천을 떠도는 영혼이 내세로 쉽게 들어오지 못하게 한다는 상징적인 의미로 문지방 높이가 높아진 거라는 이야기도 있다.

'계집은 상을 들고 문지방을 넘으며 열두 가지 생각을 한다.'

어느 옛글 속 이야기다. 꾀 많은 계집은 알고 있었던 거다. 문지방이 주는 단순하지 않은 의미를. 문지방을 넘어 안으로 향하면 그곳에서 벗어날 수 없는 존재가 되는 거다. 밥상을 던져

두고 문지방을 넘어 밖으로 향하면 자유다. 또 다른 문지방으로 향할 수 있는 기회를 만드는 거다.

이제는 문지방에 이전처럼 큰 의미를 두지 않는다. 개방적이고 활동적인 오늘 젊은이들의 생활방식이 문지방의 존재를 크게 의식하지 않게 만들었다. 실용적으로 보아도 문지방이 있으면 청소기나 다른 물건이 이동할 때 걸려서 불편함이 많고 가족 구성원이 핵가족이기 때문에 구태여 문지방을 만들어서 구별된 공간을 만들 필요도 사라졌다.

그러나 우리의 일상이란 매일 준비된 하루를 위한 짐을 꾸려 들고 발걸음은 문지방을 넘어 외부로 향하는 것이고. 그리고 일과를 마치고 다시 문지방을 넘어 안식을 찾아 집으로 들어오는 거라는 생각이 든다.

그리고 우리는 낮거나 높거나 혹은 보이거나 안 보이거나 세상 속에서 수많은 문지방을 만나고 있다. 설혹 보이는 문지방이 낮아졌거나 사라졌다 해도, 보이지 않는 편견이나 제도 관습 따위의 문지방을 넘기 위해 더 많이 힘들어하며 살아가야 한다.

나를 돌아본다. 아직도 옛 분들이 한옥에 살던 때처럼 문지방이 높다랗게 존재하는 집에서 살고 있는 건 아닐까? 안으로만 향하는 걸음을 돌려 문지방을 넘지 못했으니 말이다. 내 안과 밖을 뚜렷하게 구분하는 경계선을 만든 것은, 소심한 성격과 건강으로 인해 남들과 다른 삶을 살아온 때문이리라. 그뿐인가. 그 사이에 어머니에게서 물려받은 엄격한 규율과 속박 같은 짐들까지 높게 쌓여 매번 나를 가로막곤 했다. 아니, 호통 치며 자신 있게 넘을 용기가 없었던 듯싶다.

내 눈길이 밖을 향한다. 외부와 내부를 가르는 높다란 문지방에 서서 사방을 둘러보며 망설이고 있다. 문지방을 낮춘다는 것은 나를 넘어 더 넓은 세상으로 향할 수 있는 용기이다. 나를 열어 타인을 내 안으로 받아들인다는 포용의 의미까지 담고 있다.

다시 머문 계절, 오월의 바람이 참 좋다. 그 바람이 나를 부추긴다. 조심스레 문지방을 넘어서는 꿈을 꿔본다.

자연 위에 얹는 집

몽골인들의 이동식 천막집인 게르를 설치하는 것을 TV에서 보았다. 먼저 붉은색 장대를 이용해 방사형으로 천장을 꾸미고 기둥을 세운다. 다음 벽면을 버드나무 장대와 나무판으로 조립한다. 이 위를 양털로 만든 펠트(felt)로 덮는다. 이렇게 해서 필요에 따라 내부의 온도조절도 할 수 있고 천장도 여닫을 수 있는 이동식 집이 완성된다. 몽골 사람들은 이동이 잦은 유목민인 관계로 게르를 해체하고 조립하는 데 소요되는 시간은 30분밖에 안 걸린다고 한다. 집을 짓는다는 것이라기보다 자연 위에 그냥 얹는다고 해야 어울릴 것 같다.

자연 속의 집, 올려다보면 막힘없는 하늘이다. 사방을 둘러보면 거리낌 없이 달릴 수 있는 곳까지 집주인의 영역이 된다. 그 자유로움이 한없이 부러웠다. 영원히 소유하지 않으려하니 무한의 것을 소유할 수 있는 이치를 유목민들은 일찍이 깨달았던 것 같다.

그러나 나는 고개를 저을 수밖에 없다. 내 어찌 떠도는 유목민들의 삶을 따를 수야 있겠는가. 가족들과 캠핑카로 이곳저곳 여행하면서 낭만을 즐기는 이들도 어느 순간에는 뿌리 내린 집을 진정 그리워하지 않겠는가. 하지만 이제껏 작은 아파트, 넓지 않은 베란다에 화분 몇 개 키우면서도 만족하며 살아온 내 마음 밭에 요즘 욕심이 하나 자란다. 넓은 평수의 아파트에서 고급 가구를 놓고 살고 싶다는 게 아니다. 그림 속 풍경처럼 멋진 전원주택을 갖고 싶다는 것도 아니다. 손바닥 만해도 좋으니 텃밭이 있는 집에서 살 수 있었으면 좋겠다는 거다. 어린 시절 뜰이 넓은 집에 살았던 때 미처 알지 못했던 땅에 대한 소중함과 그리움이 간절하기 때문이다.

내가 사는 아래층엔 내가 지닌 딱 그만큼의 공간을 소유한 가족들이 살고 있다. 위층에도 또 그만큼의 공간을 가진 사람들이 살고 있다. 아래층 사람은 가끔 올라와서 아이가 없는 우리 집에서 아이들이 뛰어서 정신이 없다고 억지 항의를 한다. 베란다 쪽에 물에 새서 고쳐야겠다고 으름장을 놓고 가기도 한다. 위층에서는 밤늦은 시간에 세탁기를 돌리기도 하고 가끔 아이의 피아노 연습소리가 들리기도 한다. 편안할 때는 견딜 만한데, 몸이 피곤하거나 짜증이 날 때면 제발 그만두었으면 좋겠다고 생각한다. 그래서 난 누군가의 머리 위에 얹혀살아가는 집이 아니라, 또 누군가가 내 머리 위에 얹혀 살아가는 집이 아니라 자연 위에 편안히 얹은 집을 갖고 싶다. 땅 위에 발 딛고 탁 트인 하늘만 머리에 얹고 사는 그런 집에서 살고 싶다.

거처할 곳이야 크지 않으면 어떠하겠는가. 인디언들의 작은 오두막처럼 바람과 비를 막아 주면 되고, 몽고인들의 게르처럼 두고 가야 할 것들을 걱정하지 않아도 될 만큼이면 족하다. 그러나 이것만큼은, 하는 바람이 있다.

텃밭 귀퉁이에 구덩이 서너 개 만들어서 호박 심고, 상추며 토마토, 고추도 심고. 뿌리에 묻은 흙 툭툭 털어 푸른 생기 그대로 간직한 채소를 먹을 수 있으면 좋겠다. 비가 내리면 앞마당에서 싱그러운 흙냄새가 훅훅 올라오고, 개망초, 달맞이꽃, 토끼풀, 별꽃… 계절마다 야생화가 피어나는 울타리 없는 너른 꽃밭도 갖고 싶다. 매일 현관 문밖으로 나가자고 낑낑거리는 쫑이가, 흙에서 뒹굴어도 절대로 야단치지 않겠다.

벌판을 빠르게 달려온 바람이 반가운 손님인 양 거침없이 창을 흔들며 방으로 들어선다. 좁다란 툇마루에 아침 햇살 불러들이고, 밤이면 손을 쭈욱! 뻗어 밤하늘에 우수수 쏟아지는 별빛도 받아내고 싶다. 어둠이 채 물러서지 않은 새벽엔 개울에서 쏟아져 내리는 물소리로 가슴을 씻고 싶다. 구들방에 뜨끈하게 장작불 지피고, 시퍼런 바람 매에 창호에 핀 국화가 울음 툭 터지는 그런 겨울밤의 운치를 더듬고 싶다.

'검소하면서도 누추한 지경에 이르지 않고 화려하면서도 사치스러운 지경에 이르지 않게 하는 것이 진정 아름다운 것이다.' 라고 했다는데, 난 이제껏 넓은 평수에 좋은 가구로 꾸민 아파트나 영화 속처럼 멋진 집에서 사는 욕심을 가졌었는지도 모른다. 그러나 언제부터인가 땅 위에 오붓이 한 채만 얹힌 소박한 집에서 살고픈 꿈을 꾸게 되었다. 흙에 두 발 딛고 바람 불러와 함께 춤추는 그런 집에서 살고 싶은 바람을 갖게 되었다.

집이라기보다는 몸과 마음이 잠시 쉴 수 있는 장막이라야 더 어울릴 것 같다. 그래야만 언제라도 주섬주섬 거두어 영원한 거처를 향해 떠날 수 있지 않겠는가.

7월의 군자란

그대 없는 봄밤 하얗게 지웠다
은밀한 시간이 쏘아올린 불씨
사랑이 초록으로 흐르는
술람미[1] 여인의 목덜미다
핏빛 순결로 찍어낸
진한 입맞춤
번쩍이는 금빛 혀
두근거리는 바람을 핥는다

열흘 하고 또 열흘만큼의 사랑

---

1) 구약성경의 아가(雅歌)서에 나오는 여인

그대,
붉은 눈물 떨구며
기억의 향기를
밟고 간다
들소가 울부짖는 계절로.[2)]

- 졸시 「7월의 군자란」 -

사시사철 철따라 수많은 꽃들이 피어나건만 사람들은 제일 먼저 피는 꽃을 높이 평가하려고 한다. 추위를 이겨내고 엄동설한 속에서도 은은한 향기를 뿜어 자신의 존재를 알리는 매화를 통하여 꺾일지언정 굴하지 않는 선비의 절개를 느낀다고 칭송한다.

꽃이 피어남도 철이 있다. 자신의 계절을 선택하여 사명을 다하면 어찌 매화만 칭찬 받을 꽃인가. 개화가 이르나 늦으나 다 귀한 존재가 아닌가. 그러나 철을 헤아리지 못하고 꽃으로서의 사명을 다하지 못한다면….

군자란이 우리 집 베란다에 자리를 잡은 지도 꽤 오래된다. 이 집으로 이사를 오면서 친구가 자신이 키우던 꽃을 분양해준 것이다. 처음부터 이 꽃에 그리 큰 관심을 가진 건 아니다. 그

---

2) 인디언, 오마하 족의 달력 중, 7월을 가리켜 그리 부른다고 한다.

러나 하늘을 떠받들고 서 있는 듯이 푸른 잎이 너울대는 모양새도 보기 좋았고, 해마다 붉고 탐스러운 꽃을 피워주니 그 또한 즐길 만했다.

몇 해 전 겨울, 큰형부가 아직 살아계실 때다. 손자들과 스키장에 가면서 쫑이를 우리 집에 맡겼다. 난 강아지가 화분을 휘저어놓을지도 모른다고 핑계를 대면서 군자란을 실내로 들여놓지 않았다. 그날 새벽이 그해 겨울 중 제일 추웠다. 영하 18도까지 내려간 아침에 창을 여니 군자란 잎들이 파랗게 얼어서 어깨를 축 늘어뜨리고 있다. 그 모양새가 흡사 원망하는 눈빛으로 날 건너다보는 듯도 했다. 그러나 다행히 겉잎만 얼었고 겉잎이 감싸 보호한 속잎들은 간신히 목숨을 지켰다. 혹한 속에서, 어머니가 자신의 목숨을 내놓고 아기를 품어 생명을 지켜준 것처럼, 따스한 성품이 여린 잎을 지켜준 거다. 서둘러 언 잎을 잘라버리고 화분을 실내로 옮겨놓았다.

그해 여름부터 새잎이 하나 둘 다시 나와서 빈자리를 채워주었지만, 그다음 해부터는 잎만 무성할 뿐 꽃을 피우지 않았다. 나는 속죄하는 마음으로 분갈이를 하면서 죽은 뿌리들을 걷어내고 영양제도 꽂아주고 정성을 쏟았지만 변화의 조짐은 보이지 않았다. 아무래도 화가 단단히 난 것 같았다. 쉽게 감정을 드러내지는 않지만 분노할 때 분노할 줄 아는, 그 기개 또한 '군자란'이라는 이름과 어울리는 듯했다. 하지만 사죄하는 마음을 가상히 여길 줄은 알아야 하지 않을까도 싶어 슬그머니 화가 났다.

그러고 몇 해인가. 이젠 나의 인내심이 한계에 다다를 지경이었다. 꽃도 피우지 못하면서 베란다를 떡 차지하고 있는 모양새가 밉살스럽기까지 했다. 올봄에 꽃을 피우지 못하면 정말 내쳐야겠다고 단단히 결심을 했다. 그러나 올봄도 그냥 보냈다. 행여 잉태의 기미가 있나싶어 잎사귀를 들춰보기도 하고 제발 나를 인정 없는 이로 만들지 말아달라고 애원도 해보았다. 그런데 묵묵부답이다. 오히려 당당하다. 몇 해의 봄날을 덧없이 보낸 아쉬움의 기색도 없다. 제 할일을 못하면 풀이라도 죽어야 하지 않겠는가.

유교에서 이상적 인간상을 말할 때 '군자(君子)'라는 말을 쓴다. 군자에게는 삼면(三面)이 있다고 한다. 먼저는 위엄이 있고, 그 안에는 따뜻함·사랑·긍휼함이 있으며, 또 다른 한 면에는 지혜 곧 논리적·합리적인 설득력을 갖추고 있다고 했다.

'조금 쉬었을 뿐이오. 성급하게 마음을 접지 마시오. 상처 입은 자리가 그리 쉽게 메워지겠는지요. 변한 모습으로 꼭 다시 꽃을 피우겠소.' 군자란이 위엄을 갖춘 목소리로 넌지시 말을 건네는 듯했다. 그 말에 충분히 설득력이 있어 고개를 끄덕이지 않을 수가 없었다.

7월의 문턱은 눈부시게 푸르렀다. 푸름 속에 존재하는 모든 생명들이 성장의 옷을 입고 무섭게 달려가는 듯했다. 포기해야지 하면서도, 행여 하는 마음으로 조심스럽게 살피던 군자란에 드디어 수상스러운 조짐이 엿보였다. 아, 난 감격의 소리를 질렀다. 잎 사이를 비집고 올라오는 푸른 꽃대가, 10년 불임 부부의 잉태 소식인 양 반가웠다.

옛날 아프리카에 한 추장이 있었다고 한다. 그는 용맹했을 뿐 아니라 지혜를 겸비하고 있어 많은 사람으로부터 존경을 받았다. 부족 간의 싸움으로 애석하게도 추장은 화살에 맞아 죽었다. 그 추장의 무덤에서 그를 닮은 꽃이 피었다는 구전이 있다. 흡사 전설 속 아프리카 용맹한 추장의 모습처럼 10개~20개의 붉은 꽃송이가 피어나기 시작했다. 소홀히 관리하고 위협을 준 나를 원망만 하지 않고 다시 생명을 이어준 사랑의 결실이다. 지켜보는 이에 대한 배려였다.

붉은 꽃잎은 포도주가 담긴 술잔처럼 향기로웠다. 번쩍거리는 금빛 꽃술은 두근거리는 바람을 유혹하는 듯 하늘거렸다. 황홀

한 만남이다. 그러나 진한 술 한 잔에 취한 시간은 오래 머물지 않았다. 한 열흘쯤, 또 얼마큼쯤 더 자태를 뽐내다가 아쉽게도 뚝뚝 꽃잎을 떨어뜨린다. 우아하게 등장했다가 떠날 때는 초라한 목련꽃과 달리, 낙화의 순간까지도 5개의 꽃잎이 흐트러짐 없이 고운 빛깔과 형태를 간직한 채 내려앉음으로써 의연한 기품을 잃지 않는다. 다음 해를 기약하며 아쉬움을 뒤로하는 지혜로운 꽃, 역시 진정한 군자의 모습이 아닌가.

나도 군자의 덕목을 갖춘 군자란을 닮고 싶다. 상처를 치유해 늦게라도 꽃을 피운 군자란이고 싶다. 나 또한 상처를 지닌 채 오랫동안 침묵하지 않았는가.

춤추는 나무

푸른 치마폭이 거세게 펄럭인다. 광란의 춤이다. 저항에 맞서 자신을 지키려는 몸부림이 춤으로 승화된 듯하다. 아니, 어느 제의식에 신의 대리자가 되어 경건한 춤을 추는 듯이 비장해보이기조차 하다.

기어이 강한 바람 매는 눈 질끈 감고 인정 없이 나무들을 휘갈겨댔다. 으악! 나무는 비명을 지르면서 찢어진다. 가지에서는 초록 피가 쏟아진다. 그러나 사그라지지 않은 무서운 분노의 매는 연달아 나무들을 내려친다. 울컥 솟구친 몸통이 흔들린다. 뿌리까지 흔들린다. 태풍 '곤파스'다. 폭우를 동반한 바람이 한반도에 상륙했다. 콘크리트 집도 무너뜨릴 정도의 강력한 바람이다.

그 무서운 바람 탓에, 내가 사는 아파트 뒤 숲에 여러 그루의 나무가 쓰러졌다. 그동안 수직의 삶이 버거웠던가, 하늘도 따라 누웠다. 숲이라고 해야 수령이 오래된 나무가 많았던 것 아니다. 수명이 짧은 초본이나 관목이 가장자리를 차지했지만, 아파트가 세워지고 숲이 조성될 때 같이 옮겨온 나무들이 뿌리를 내리고 제법 무성하게 숲을 이루었다. 나는 가끔 그 숲길을 쫑이를 데리고 산책했는데, 계절마다 나무들이 건네주는 이야기가 신선했다.

태풍이 지나간 며칠 후에 나무들을 보러갔다. 뿌리를 드러내고 널브러진 나무, 그 사이로 생기 거둔 잎들이 누워있다. 나무는 환부를 드러낸 중환자처럼 가쁜 숨을 쉬고 있는 듯했다. 채 마르지 않은 물기들이 시퍼런 향불을 피운다. 가지가 심하게 찢어지거나 꺾인 나무를 경비원들이 전기톱으로 그루터기만 남기고 잘라내고 있다. 전기모터 소리 사이로 나무의 울음이 들리는 듯해서 한동안 가슴이 아렸다. 잔인하게 파 내지 않는 한 나무의 깊은 뿌리를 들여다보기란 쉽지 않은 일이다. 제 속살에 세월을 두르고 살지만 자르지 않는 한 그 또한 가늠할 수 없는 게 아닌가. 뿌리를 드러낸 나무는 더 이상 자라지 못하고, 나이를 드러낸 나무는 더 이상 나이를 먹지 못하기에 슬펐다.

나무가 살아있다는 것은 시련을 극복하고 있다는 거란다. 상처가 나더라도 곧 새로운 조직을 만들어 재생시키고 웬만한 어려움도 견디어낸다. 외부의 힘에 의해 쓰러지지 않는 한 나무는 정착한 곳에서 수백 년을 뿌리를 내리고 살아가면서 자신은 물론 지구를 부양한다. 오래된 나무는 죽어도 금방 쓰러지지 않는다. 선 채로 죽어간다. 그러나 어느 순간 극복하지 못할 만큼의 큰 상처를 입으면 나무들은 산 채로 쓰러질 수밖에 없다. 인간의 부정적인 간섭이나 곤충이나 동물들의 간섭까지 모두 상처가 될 수 있다. 그중에도 이번처럼 자연이 주는 충격이 가장 큰 것 같다.

손 내밀어 누워 있는 나무를 만져보았다. 탕탕, 수액을 나르던 힘찬 맥이 멈춘 적막이 싸늘하게 전해진다. 푸르스름하게 나무를 감싸 안았던 생명의 힘이 고개를 떨어뜨리고 있다. 문득 깊고 넓게 건네주던 나무의 그늘이 그리워졌다. 수백 장의 잎들이 저마다의 몸짓으로 건네주던 싱그러운 대화가 눈앞에 생생하게 그려졌다. 벌레에게 양분을 나눠주고 새들에게 가지를 빌려주고도 생색내는 법 없는 나무의 넓은 가슴이 그리움으로 다가선다. 격렬했던 마지막 춤이 눈앞에 펼쳐진다.

누워 있는 나무 틈새로 부드러운 바람이 성큼 들어섰다. 펑 뚫린 하늘 갈피로 들어선 햇살은 가지 끝에서 살짝 걸터앉아,

조문객이라도 된 듯이 여기저기 나뭇가지들을 어루만지고 있다. 작은 새는 상처 난 가지 끝에 날아와 노래했다. 그렇게 아픔과 아쉬움이 만든 공백에 바람과 햇빛이 눈부신 그림을 그리고 있지 않나. 아마도 그 빈자리는 살아있는 어린 나무들의 차지가 될 것이다. 더욱 힘차게 가지를 뻗어 메워 나갈 것이다. 그래서 인가. 나무는 죽음 앞에서도 절망만 하고 있지 않은 듯 보였다.

한동안 잊고 있다가, 나무들을 다시 보러 갔을 때 나무들은 보이지 않았다. 채 시들지 못한 잎들이 시퍼렇게 피워 올리던 향불도 사라지고 빈자리만 휑했다. 사람들은 누운 나무를 오래 두고 지켜보지 않았다. 땔감으로 쓰려는지 간편하게 자르고 묶어 트럭에 태워 보냈단다. 뿌리 내렸던 그 자리에서 수명을 다 하고, 세월 속에 바람과 햇빛과 벌레며 곰팡이들과 더불어 부서져 흙으로 돌아갈 수 있었으면 참 좋았을 텐데, 하는 아쉬운 생각이 들었다.

그러나 이젠 불꽃 춤이다. 붉은 치마폭 활활 펄럭이면서 어느 누군가의 시린 가슴을 뜨겁게 데워주려고….

초록 모기장

복더위가 기승을 부리면 함께 기승을 부리는 것이 있다. 흡사 구급차가 온 듯이 뾰쪽하고 날카로운 사이렌 소리를 내면서 내 주위를 맴도는, 고놈은 어둠 속에서도 정확하게 목표를 향해 돌진한다. 날카로운 침을 재빠르게 혈관을 찾아서 꽂는다. 뿐인가, 흡입 도중 피가 굳어지는 것을 막기 위해서 혈액응고를 방지하는 물질까지를 분비해가면서 말이다.

귓가를 맴도는 그 소리에 잠을 잘 수가 없다. 철썩! 무의식중에 손바닥으로 쳐본다. 이럴 수가, 모기는 잽싸게 날아가고 내 뺨만 얼얼하다. 날갯짓이 빠르다. 초당 250~500번이나 움직인다고 하니 둔한 내가 어찌 당하겠는가. 여기저기 물린 자국은

뻘겋게 부풀어 올라 긁어대도 좀처럼 가라앉지를 않는다. 창문에도 베란다 문에도 방충망을 쳤는데 어찌 날랜 놈이 뛰어 들어왔단 말인가?

지난 밤 모기 한 마리에게 밤새 시달려서인가? 아득하게 잊고 있던 초록 모기장 안 그 시원한 공간을 떠올렸다. 아기 때부터 소녀 시절까지 나와 함께 보낸 모기장은 어머니가 여름이 오기 전에 초록빛으로 물들인 성근 베에 풀을 먹여서 꼿꼿하게 다듬이질 하여 놓은 거다.

여름밤이면 아버지는 대청 네 모퉁이 박힌 대못에 고리를 걸고 모기장을 쳤다. 식구들이 모두 모기장 안으로 들어가서 돗자리를 깔고 나란히 누워 잠을 청한다. 모기가 기웃거리지 못하게 문단속을 했으니 편한 잠을 잘 수 있겠다고 만족한 표정이다. 바람만 휘휘 모기장 안으로 거침없이 들락거리는 그 순간은 어떤 궁궐도 부럽지 않았다. 초록 베 모기장 안은 흡사 야외에 친 텐트 같아서 캠핑 온 기분마저 들었다. 우리 형제들은 누워 이리저리 뒹굴고 킬킬거리면서 장난치느라 쉽게 잠들지 못했다.

그러나 밖에서 서성거리며 기회를 엿보던 약아빠진 모기란 놈이, 우리가 소변이라도 볼 양으로 모기장 밖을 나갔다 들어올 때를 노려 잽싸게 따라 들어선다. 요즘 아파트 출입구에 섰다가 아이들이 들어가려고 하면 눈치 빠르게 따라 들어서는 잡상인처럼 말이다. 나를 몰아내고 어디 편히 잘 줄 알았느냐고, 더 심하게 웽웽 대는 모기 탓에 잠을 설치기는 마찬가지다. 그래도 모기장 안이 좋았다. 운 좋은 모기를 불러들이지만 않는다면 아침까지 푹 잘 수 있기 때문이다. 서로 네가 하라고 밀기도 했지만, 네 귀퉁이를 맞춰 모기장을 개켜놓고 아침을 불러들이면 그 극성맞던 모기들도 어디론가 숨어버렸다.

어린 시절은 대청에 꽉 찬 그 모기장 안이 휑하게 넓다고 느꼈다. 우리 형제 모두가 들어가 뒹굴어도 여유로웠다. 그런데 어느 날부터 이상하게 좁아지는 게 아닌가. 식구끼리 이리저리 움직이다 보면 다리가 포개지고, 잠투정이 심한 작은오빠의 몸은 어느새 굴러 모기장 밖으로 반쯤 나가버렸다. 모기장의 실제 면적은 그대로인데 우리가 쑥쑥 자랐고, 더구나 조카들이 태어나서 끼어들기까지 했으니 주거 면적이 아주 좁아진 거다.

그런데 그 모기장은 어디로 갔을까? 아무리 생각해도 모르겠다. 성장한 형제들이 좁아진 모기장 안에서 하나 둘 떠나버렸다. 아버지가 돌아가시고 또 어머니마저 세상 떠나시고 나서 이사를 몇 번 했으니 누군가가 버렸을 거다. 더구나 요즘은 창문에 모두 방충망을 설치했으니 모기장도 필요 없어진 지 오래다. 모기향에 살충제까지 뿌려대니 모기장이 발붙일 곳이 없어졌다.

우리 형제들이 나란히 누워 그날에 있었던 이야기를 두런두런 나누었던 곳도, 어린 조카들이 졸음을 못 이겨 하면서도 옛날이야기를 해 달라 조르던 곳도 그 모기장 안에서였다. 이제 생각하니, 그 시절 모기장은 그저 모기만을 막아주던 방어막이 아니었다. 정을 나눈 식구들을 하나로 모아 품고, 외부의 침입으로부터 보호해 아늑하고 편안한 공간을 만들어준 특별한 힘을 지녔었다. 초록 날개로 감싸 내일 향한 꿈을 꿀 수 있도록 묵묵히 지켜준 어미 새를 닮기도 했다. 아니, 그대로 어머니의 마음이었다. 우린 그 품에서 여름을 보냈고 나무처럼 성장했다.

살아가면서 이런 저런 모양으로 내 안으로 들어와서 상처 입히는 존재들이 있기 마련이다. 쫓아내려 해도 막무가내로 버티는 침입자로 인해 힘들 때면, 먼 기억 속에서 찾아낸 초록 모기장을 내 마음 네 귀퉁이에 쳐본다. 식구들의 낮은 숨소리, 뒤척거리다가 부딪히고 포개진 오빠 언니들, 그 땀 냄새까지 다가와 정겹게 눕는다. 나도 그 곁에 누워 잠을 청해본다. 초록 바람이 가슴 가득 출렁인다.

비빔밥을 먹으면서

이사 간 친구네 집들이에 갔을 때였다. 평소 음식을 잘 하지 못하는 친구는 간단하게 비빔밥을 만들겠다고 했다. 비빔밥이 손이 많이 가서 생각보다 쉽지 않을 텐데, 하는 우리의 염려는 기우였다. 친구는 마트에서 전주식 비빔밥 재료를 사가지고 온 거였다. 각종 나물이 알맞게 무쳐져 있었고 고추장이나 참기름 등의 양념도 곁들여 있었다.

나는 마트에서 사온 편리한 비빔밥을 먹으면서 몇 해 전인가, 어느 신부님이 운영하는 중증 장애인 시설을 견학하기 위해서 전주 지방을 여행했던 때를 기억해냈다. 혼자 힘으로 생활하기 어려운 장애인들이, 가능한 스스로의 힘으로 생활할 수 있게 집안 가구나 시설을 편리하게 만들어 놓았다.

우리 일행은 시설 견학을 마치고 개선 방향을 위한 의견을 말했다. 장애인들의 불편한 부분을 비장애들이 화합하여 조금씩 도와줄 수 있다면, 살아가기가 좀 더 수월하지 않을까 하는 생각이었다. 할 수 있는 일과 할 수 없는 일들을 서로 나누는 조화로움이다. 물론 의식이나 시설은 좀 더 좋은 방향으로 개선 될 거라 믿었다. 최선의 것을 찾기 위한 노력이 멈추지 않는다면.

토론은 생각보다 길게 이어졌다. 이야기를 마치니 점심시간을 훌쩍 넘어섰다. 우리는 찾아온 시장기를 달래려고, 골동반(骨董飯)이라고도 하는 전주비빔밥을 먹고 싶어서 서둘러 음식점을 찾았다. 비빔밥을 일컫는 다른 이름 골동반은 여러 가지 좋은 재료를 갖추었다는 뜻으로 섣달 그믐날의 음식을 남기지 않고 새날을 맞으려 한데서 유래되었다고 한다.

전주식 비빔밥은 사골을 우려낸 물로 밥을 고슬고슬하게 지어서 보기 좋은 대접에 담는다. 고사리에 쇠고기를 넣고 갖은 양념을 해서 볶았고, 기름에 볶은 도라지와 콩나물은 깨소금, 후춧가루, 소금으로 양념을 하여 얹었다. 다시마는 튀각으로 만들어 부스러뜨렸고, 청포와 오이는 채를 썰었다. 밥에 참기름과 간장을 넣어 주물러 간을 맞춘 다음, 그릇에 담고 그 위에 여러 가지 나물을 올려놓고, 맨 위에 달걀지단과 볶은 고기를 얹은 것이다.

아, 그때 우리는 온갖 나물의 특이한 맛에 반했다. 시장기 탓이었는지도 모른다. 그러나 고유의 맛과 색이 조화를 이루고 하나의 맛으로 다가서는 그 순간에 매료되지 않을 수 없었다. 골고루 신선한 야채의 영양가를 섭취할 수 있다는 이점도 좋았다. 곁들인 나박김치와 장국도 일품이었다.

친구들과 마트에서 사온 비빔밥을 먹으면서 우리는 편리해서 좋은 세상이라고 했다. 친구는 나물류를 좋아하지만 손이 많이 가서 명절이나 대보름에도 사다가 먹는다고 했다. 모두들 수긍은 했지만 나는 왠지 아쉬웠다. 하나하나 나물을 다듬고 데치고 볶고 조물조물 손으로 무치던 그 과정이 그리웠기 때문이다.

더구나 오늘 내가 먹은 마트 비빔밥은 골고루 섞었지만, 각자의 맛을 놓치지 않으려는 경쟁이 엿보였다. 지나치게 시뻘건 고춧가루 옷을 입은 도라지생채 나물은 뻣뻣했다. 고사리며 콩나물도, 데치거나 볶을 때 그리고 양념 간에 적당히 풀이 죽어야 하는데 고집 센 이처럼 고개를 쳐들고 있다. 나름대로 맛을 강하게 지니고 있다. 그 모든 맛이 하나로 모아지지 않고 따로따로 씹혀서 어석거렸다. 어설픈 자신의 맛을 고집하다 보면 전체를 잃어버리는 이치다. 전체만을 염두에 두고 나물 하나하나를 만들 때 최선을 다하지 않았다는 느낌도 든다.

요즘 아이돌 그룹의 현란한 댄스나 반복되고 단조로운 노래가 인기 있는 까닭은 춤이나 노래가 하나로 모아지는 조화로움이다. 한 사람이 돋보이는 게 아니라 여럿이 모여서 하나 되는 리듬감이 흥을 돋운다. 제 잘난 맛이 아니라 모두 잘난 맛이 더 멋스럽다. 그러나 그들이 단독 출현이 아닌 그룹이라 하여 하나하나 개인의 역할에 최선을 다하지 않는 건 아닐 거다. 더욱 치열하게 개인을 단련시켰을 것이란 생각이 든다. 비빔밥도 마찬가지다. 각자의 맛에 최선을 다해야하지만 전체 속 어울림을 위해 자신을 던져 버려야한다.

오늘 아침 신문에서 보니 성탄절을 앞두고 스님, 목사, 수녀, 삼대 종교인들과 시민들이 어르신들을 위해, 서울 돈암동 아름다운 무료급식소에서 비빔밥을 만들었단다. 각종 나물이 들어가고 계란도 들어갔다. 참기름과 고추장을 넣고 골고루 비볐다. 각각 다른 맛들이 섞여 한 무리를 이룬다. 화합이다. 각각의 맛이 하나만으로 낼 수 없는 또 다른 맛을 낸다. 서로 다른 종교의 이념, 빈부의 차이, 모든 것을 섞어 비벼 먹으면 그 대립과

모순이 내 몸 안으로 들어와서 새로운 하나가 될 수 있다는 깨달음이다.

올해는 비빔밥 같은 맛을 내는 세상을 바라본다. 각자의 삶에서 최선을 다하는 맛을 모은다. 그리고 하나 된 세상 속에서 나를 버리고 조화롭고 아름답고 맛있는 세상을 만드는 거다. 정말 맛깔스럽고, 살맛나는 세상이 되지 않을까.

쇼트 트랙 선수처럼

TV로 쇼트트랙 경기를 본다.

드디어 기다리고 기다리던 1,500m 올림픽 결승전 출발선 앞에 선수들이 서 있다. 그동안 많은 훈련을 했다. 지옥 훈련이라 칭하는 견디기 어려운 훈련을 통해 자신을 단련시켰다. 심지어 타이어를 자전거에 달고 달렸다. 지구력을 키우기 위해서다. 고통스러운 훈련으로 인해 수없이 좌절했고 수없이 포기하고 싶었다. 그러나 그들은 올림픽 출전을 위해서 긴 시간 자신을 버리고 오직 금메달만을 위해 노력했다.

0.01초의 싸움. 그 숨 막히는 결승점을 향해 달려야한다. 땅! 하는 출발 총성을 듣기 위해 스케이트 날을 세우고 온몸을 집중

하고 서 있다. 가슴이 뛴다. 드디어 출발. 출발의 총성과 내 몸이 일치해야 한다. 총성보다 한발 앞서 나가도 다시 해야 한다. 조금 늦어도 선두에서 밀려날 확률이 커진다. 그만큼 출발총성은 승패를 가름하는 경종이다. 적절한 시기에 자신을 일으켜 세우는 용기는 늘 가는 길에 중요한 결과를 가져다준다.

치열한 몸싸움이다. 뒤졌다. 적절한 시기에 앞으로 치고 나가야 한다. 자칫 밀리면 자리를 빼앗긴다. 코치석을 본다. 코치님은 '신중'이라고 적힌 표시를 들고 있다. 앞 선수와 적당한 거리를 두고 달렸다. 무리하게 상대편을 추월하지 말고 힘을 축적하라는 표시다. '리듬'이라는 코치님의 사인이 떴다. 적절한 속도로 몸을 일으켜 세우기 시작했다. '스피드' 이제부터 막판 스피드다. 온몸의 힘을 모은다.

스피드와 기록을 중시하는 롱트랙 스피드스케이팅에 비하여 쇼트트랙은 결승선을 통과하는 순위로 우승자를 가리기 때문에 파워보다 테크닉이, 지구력보다 순발력이 요구되는 경기이다. 폭발적인 순간 스퍼트, 상대 선수를 견제하는 팀플레이, 순간적인 기회 포착을 앞세운 레이스 운영 능력 등이 승부에 결정적인 영향을 미치며, 특히 결승선을 눈앞에 두고 펼쳐지는 불꽃같은 마지막 스퍼트에 박진감 넘치는 스릴을 만끽할 수 있다.

앞에서 달리던 선수들이 뒤엉켰다. 상대편을 추월하려다가 서로에게 부딪히면서 저만치 나뒹군다. 선수들에게 치명적인 상처를 입힐 수 있다. 몸에 난 상처보다 더 큰 건, 순간 엄청난 좌절감이 덮치는 것이다. 오직 금메달 하나를 보고 달려온 시간들이 으악! 절벽으로 떨어지며 비명을 지른다.

여러 명이 짧은 링크를 함께 도는 경기의 특성상 몸싸움이 일부 허용되기도 하지만 상대 선수를 밀치거나 진로를 방해하는 행위는 금지된다. 하지만 세상은 꼭 순수하게 노력하는 이의 편만은 아니다. 은밀하고도 노련하게 상대편을 슬쩍 밀어 균형 감각을 흔들어놓고 자신은 아무렇지도 않게 질주하는 선수도 있다. 억울한 건 넘어진 선수다. '반칙이다. 아니다'를 놓고 코치들의 논쟁이 치열하다. 비디오 판독만이 정확한 판단을 해줄까? 고개를 젓는다. 심판의 판정이 이해할 수 없다. 가슴을 친다. 금메달은 운이 좋은 자의 것인가.

우리의 인생레이스를 돌아본다. 흔히들 인생을 마라톤에 비유한다는데, 어찌 보면 현대인들은 쇼트트랙 선수들처럼 치열하게 경쟁하며 살고 있다는 생각이 든다. 부와 명예 성취와 행복을 위해서, 적절한 조화 속에도 매 순간 속력을 내야 한다는 부담도 안고 있으리라.

나에게도 물어 보고 싶다 누구에게도 뒤지지 않을 자신감을 위해서 혹독하게 자신을 단련시켰는가? 피나는 노력도 없이 태만한 채 운 좋은 결과만을 탐하지는 않았는가? 더러는 앞서기 위해서 무리한 추월을 해서 남에게 상처를 입히지는 않았는가? 아니, 밀치고 앞서나간 이로 인해 넘어지는 않았는가? 이끌어 줄 탁월한 코치를 만나기는 했는가?

고개를 저었다. 부끄럽다. 나는 많이 게을렀다. 늘 쓸데없는 일에 정신을 팔고 지쳐서 허우적거렸다. 경주에 패한 원인을 내게 두지 않고 주위 탓만을 하고 원망하기도 했다. 정말은 탁월한 코치를 만났으나 코치의 능력을 믿지 않았는지도 모른다. 바로 지금이라고, 적절한 시기에 어떻게 경주에 임하라고 사인을 보내주었을 텐데 유심히 보지도 않았을 것이다. 오히려 나의 판단력만을 믿고 무리한 경주를 했다. 지나친 승부욕으로 다른 선수들을 시기하기도 했다. 노련하게 경기에 임할 만큼 기술적이지도 못했다. 결과에 승복하고 다음 경기를 위해 더 치열하게 훈련하려하지도 않았다. 쉽게 좌절하고 낙담했다. 그리고 비껴 지나간 운(運)이라는 보이지 않는 상대를 지독히 원망도 했다.

'영웅은 보통보다 용기가 엄청나게 많은 것이 아니다. 다만 5

분쯤 더 용기가 지속되는 것 뿐. 용기란 견디는 힘. 그 5분이 운명을 바꾸는 힘이다.'

김이율 작가의 글을 읽어본다.

오늘을 견디는 힘, 그 힘이 내가 살아가는 삶의 의미가 된다는…. 고개를 끄떡여본다. 나는 출발시점도 늦었다. 남들보다 뒤진 이였다. 그뿐인가 삶의 이런 저런 작은 충격을 이기지 못하고 넘어졌다. 그러나 넘어진 그 자리에서 좌절하고 있을 수만 없다. 서둘러 일어서야 한다. 오래 지체할수록 앞 선수와의 거리가 멀어지기 때문이다. 그리고 다시 내가 세운 목표점을 향해 질주해야 한다. 따라가는 이에서 앞서가는 이로 변신하기 위해서 막판 스피치를 위해 힘을 모은다. 설혹 오늘 인생 레이스 출전에서 등수에 들지 못 했다 해도, 오늘보다 더 나은 내일의 멋진 경기를 위해 끊임없이 나를 단련시켜야 한다. 그리고 달리고 있는 그 순간에 최선을 다해야 한다는 깨달음이다.

전화 없는 하루

오늘은 모임 시간에 맞추느라 아침부터 바빴다. 아침 기도와 묵상 시간을 마치고 간단한 운동을 했다. 식사를 마치고 화장하고 옷을 챙겨 입고…. 가끔 그 바쁜 틈 사이로 전화가 걸려오거나 쫑이가 볼일을 보고 겸연쩍은 눈빛으로 날 올려다보기도 했다. 닦아주고 치워달라는 부탁이다. '너는 참, 왜 이렇게 바쁜 시간에….' 어쩔 수 없는 생리 현상인 줄 알면서도 툴툴 거리면서 치우고 손까지 씻고 나니 시간이 꽤 지체됐다.

서둘러 집을 나섰다. 현관문이 잘 잠겼나 손잡이를 다시 한 번 돌려보고 확인을 했다. 이것저것 빠뜨리지 않고 또 내 몸 잘 챙겨서 집을 나서기가 얼마나 힘들고 큰일인지 모르겠다.

목적지까지 데려다 줄 전철에 자리를 잡고 앉으면 그때서야 휴! 안도의 숨을 내쉬며 습관처럼 가방 안에서 이동전화를 찾았다. '없다!' 가방 구석구석을 다 뒤집어 봐도 없다. 아마도 집에 두고 나온 것이 분명하다. 낭패스러웠다. 전화가 없는 하루를 상상할 수 없다. 뭔가 채워지지 않은 허전함이 나를 감싸 안는다. 누군가가 꼭 필요한 전화를 할지도 모른다. 또 누군가에게 꼭 전화를 할 일이 생길지도 모르지 않나. 긴 시간의 무료함을 달래주는 인터넷 검색이나 문자통화도 할 수 없으니…. 불안이 스멀스멀 밀려온다. 초초해지기까지 했다.

맞은편 좌석의 젊은이들 거의 모두가 귀에는 이어폰을 꽂은 채 스마트폰을 들여다보고 있다. 옆에서 일어나는 일에는 아예 관심도 두지 않는 듯싶다. 카톡으로 문자를 보내고 인터넷을 검색하고 게임을 즐긴다. 하루 중에 깨어있는 시간 거의를 스마트폰에 푹 빠져 있다는 현대인들의 모습이다. 나 또한 목적지까지 가는 내내 전화를 손에 쥐고 있는 경우가 많다.

전동차는 어느새 한강 다리 위를 지나고 있다. 한 달에 서너 번쯤 서울을 나오면서 1호선을 타거나 혹 4호선을 탈 때면 한강다리를 건너는데 그저 무심히 지나치곤 했다. 오늘은 강물에 잠겨있는 한가로움이 넌지시 내게 손을 내미는 듯했다. 눈길 따라서 강물이 출렁거리며 들어선다. 낮게 퍼진 자욱한 안개가 따라 들어선다. 금세 내 안에 강가 풍경이 걸린다. 철교 위를 달리는 전동차의 철컥철컥 소리가 음악처럼 들린다.

구글의 에릭 슈밋 회장은 보스턴대학 축사에서 하루에 한 시간씩 스마트폰과 인터넷을 끄고 사랑하는 사람의 눈을 들여다보면서 진짜 대화를 나누라고 신신당부 했단다.

사실 소셜[3)] 네트워크에 빠져 있는 이들이 우울증에 걸릴 확률이 크다고 한다. 온라인 만남이 주는 재미에 구태여 오프라인의 만남이 필요 없어진 건지도 모른다. 물론 소셜 네트워크서비스의 신속함과 편리함이라는 순기능도 있다. 하지만 아무리 생각해봐도 휴대폰, 문자메시지, 카카오톡, 전자메일, 전화, 전신 등의 모든 통신서비스가 우리의 외로움을 다 해결해 줄 것 같지는 않다. 오히려 균형 잡힌 사고 능력은 퇴화할 위험이 있다고 한다.

나도 좀 전까지 전화기 없는 빈손으로 인해 허전함과 불안함 속에서 헤어 나오지 못했다. 그런데 내 안으로 촉촉한 편안함이

3) 온라인상에서 친구, 선후배, 동료 등 지인들과의 관계망을 구축해 주고 이들의 정보 관리를 도와주는 서비스

밀려들어왔다. 내가 그토록 놓지 않으려 애썼던, 보이지 않는 끈에서 놓여났다는 해방감까지 들었다.

'그래, 잠시라도 버려둔 무심한 일상과 깊은 대화를 나눠 보는 거야. 사랑하는 이들의 눈빛에서 또 다른 의미를 찾아내 보는 거야. 내 마음의 강에도 새들이 푸드득 날아가고 젖은 산이 하나 흘러가는 거야. 단지 보려하지 않고 들으려 하지 않았기 때문이지.'

냄새를 만지고 싶다

갓 버무린 김치의 풋풋한 양념냄새가 좋습니다. 빨래를 삶을 때 나는 상큼한 비누냄새도 좋습니다. 그리고 빨랫줄에서, 바짝 말려 거둬들인 옷에 남아 있는 싱그러운 햇살 냄새도 참 좋습니다. 그 냄새에는 잊을 수 없는 어머니가 머물러 있기 때문입니다.

마늘, 생강, 고춧가루, 젓갈 등을 듬뿍 넣어 맨손으로 김치를 버무려봅니다. 또 고무장갑도 끼지 않은 채 비누를 썩썩 문질러 대면서 빨래도 해봅니다. 버석거리는, 햇살에서 거둬들인 옷을 가슴에 안고 한없이 쓰다듬어 봅니다. 아, 어머니가 그리움으로 만져집니다.

저녁 무렵에 오가는 길목 음식점 앞에서 기웃거려 보았습니다. 고기 굽는 냄새가 휘익 바람을 타고 거리로 나서 허기진 이의 발길을 잡습니다. 불고기와 술냄새를 풍기며 거나하게 취한 채 대문으로 들어서시던 아버지를 떠올렸습니다. 그 정겨운 냄새도 만지고 싶습니다. 형태 없는 냄새는 바람을 타고 멀리 날아갔는데 난 한참이나 그 자리에 멈춰 아버지의 편안하고 넓은 가슴을 눈물로 만지고 있었습니다.

이상하게도 번번이 양치할 때마다 전화를 걸어오던 친구가 있습니다. 입 안 가득 치약을 물고 전화를 받곤 했지요. 그래서 그 친구를 떠올리면 싸한 박하 향이 다가섭니다. 그 친구의 냄새를 만진다면 아마도 인견포플린이 주는 부드럽고도 서늘한 감촉이 아닐까요.

길을 가다가 바람결 타고 스치는 구수한 담배냄새에서 한 가닥 담배연기를 동그랗게 말아 내뿜던 어떤 이를 생각했습니다. 그가 입었던 군복의 카키색처럼, 군용담요의 보슬보슬하면서도 따스한 촉감이 만져집니다.

오늘 내가 만나는 사람들의 냄새가 그때마다 다릅니다. 변화무상한 인간의 속성이 냄새로 자신을 드러내기 때문이지요. 어떤 이는 난향처럼, 멀어지는 듯하다가 어느새 숨 막히는 향기로 다가와서 마음을 휘감습니다. 그 촉촉하고 부드러운 향기를 만지고 싶습니다. 물 안 좋은 생선 비린내처럼 역겹고 메스꺼운 냄새를 꾸역꾸역 뱉어내는 이도 있습니다. 행여 몸에 닿을세라 피해가고 싶습니다. 그러나 건전한 노동으로 물씬 풍기는 땀내는 어떤 냄새보다 구수합니다.

> 두려움과 공포 속에 떨다 다가선, 땀으로 완전히 젖은 군복에서 인도양의 바람을 타고 밀려드는 소금기 잔뜩 안은 그 진한 땀의 향기는 사람이 만들 수 있는 최고급 향수였습니다.

지난 2011년 4월, 아덴만 해역에서 해적의 공격을 받아 안전격실에 피신 중이던 한진 텐진호는 청해부대 최영함 장병들의 도움으로 안전하게 구조되었습니다. 텐진호 선장이 청해부대원들에게 보낸 감사의 편지 속 한 구절입니다. 텐진호 선원들은 최고급 향수를 지닌, 그 뜨겁고도 활기찬 손을 영원히 잡고 놓고 싶지 않았을 겁니다.

냄새, 그대는 유명 연예인의 스캔들처럼 감추려고 몇 겹으로 감싸 안아도, 어느 사이 작은 틈사이로도 비비적거리면서 빠져나갑니다. 그 끈기와 집념이 놀랍습니다. 냄새는 높다란 담장 안에 가둔 날개 달린 새처럼, 또 어느 사이 담장을 휘익 넘어 허공으로 흩어집니다. 안전을 보장하는 갇힘보다 자유를 갈구하는 그대의 용기에 놀라워합니다.

한 번 뿜어낸 열정의 꽃불이 쉽게 사그라지지 않는 것처럼, 그대는 숨결을 타고 들어와 기억의 갈피에 영원히 머물 수 있습니다. 어떤 장애물 앞에서도 굽히지 않고 소임을 다하겠다는 결의, 소리 내지 않고도 말하는 그대 진실과 진한 그림자에 감탄합니다.

저 멀리 북녘에서 떠난 가을이 완행열차에 몸을 실었답니다. 계절 실은 열차는 몇 번의 연착으로 더디게 우리 곁으로 올 겁니다. 그러나 성미 급한 가을 향이 앞장서 달려오고 있을지도 모릅니다.

어느새 바람 속을 휘젓고 다닌 그대 손끝에 가을 냄새가 묻어 있습니다. 손을 잡습니다. 절정을 보낸 푸른 잎들이 물기를 거두는, 욕심 버린 가을 냄새를 만지고 싶어서입니다.

뚜 껑

가마솥에 쌀을 씻어 담고 손등으로 가늠하여 물을 부었다. 이제 솥뚜껑을 덮어야 한다. 뚜껑을 덥지 않거나 삐뚤게 덮어 김이 새어나가면 밥물이 넘어 설익거나 밥알이 와그르르 구르는 고두밥이 될지도 모른다. 뚜껑이 무거울수록 밥이 맛있다고 한다. 솥뚜껑은 내용물을 보호하면서 알맞은 열기를 모아 밥이 익게 해주는 역할을 충실하게 한다.

일단, 뚜껑은 열어보아야 한다. 알 수 없는 내용물이 담긴 물건을 받아들고 중얼거렸다. 겉으로 보기에는 꽤 좋아 보이는데, 뚜껑을 열기 전에는 확신할 수 없는 게 세상 이치다. 쇼윈도의 역할이 무엇인가. 내용물을 환하게 보여주는 거다. 눈길을 끌어

구매욕을 높여 주는 거다. 보이는 유리창 뚜껑을 통한 전시효과는 길가에 전시해 놓은 뚜껑이 없는 물건과 그 의미가 사뭇 다를 수 있다.

뚜껑이 없는 물체를 상상해 보았는가? 뚜껑이 없다면 속이 그대로 들여다보이고 자칫하면 내용물이 쏟아져버려 낭패를 당할 수 있다. 그래서 사람에게도 뚜껑이 있어야 한다는 생각이 든다. 만약 뚜껑이 없다면, 속이 뻔히 들여다보이는 상대에게 무슨 신비감을 느낄 수 있겠는가. 보통 때는 물론 꼭 닫아놓아야겠지만 속마음을 털어놓아도 될 상대를 만나면 뚜껑을 슬며시 열어보는 것도 괜찮을 듯싶다. 와르르 쏟아놓는 게 아니라 슬쩍 열어보여야 하지 않을까.

뚜껑이 무거운 사람은 속도 깊을 듯싶다. 상대편이 던진 말이나 생각들을 밥을 익히듯이 은근하게 뜸을 들여 익혀낼 거란 생각이 든다. 성공한 사람은 대개 자신의 능력을 상대가 측량할 수 없도록 차단한다. 적당한 뚜껑을 만들어 덮는 것이다. 사람들이 존경을 계속 받고 싶다면 지식이나 재능의 범위를 드러내서도 안 된다고 한다. 아무리 훌륭한 능력이라도 그 한계를 명확히 드러내지 말 것이며 얼마나 깊은지는 각자의 상상에 맡기는 것이 좋을 듯싶다. 사람 관계도 적당한 시기에 자신의 뚜껑을 닫아야 할 때가 있고, 열어 속마음도 보여주어야 할 때도 있다. 뚜껑의 열고 닫음의 적절한 조화가 세상 모든 관계를 지키는 지혜로움이라는 생각이 든다.

내 머리 위에 얹힌 뚜껑을 가늠해본다. 지나치게 가볍지는 않은가? 내용물을 보호하고 익혀줄 수 있을 만큼 적당한 무게를 지니긴 했는지. 너무 꽉 닫아놓은 뚜껑 탓에 상대편에게 거부감을 주지는 않는지? 너무 헐거워서 신뢰감을 주지 못했던 건 아닌지? 적당한 신비감을 지니고 있는지?

2.

그림을 그리면서

활짝 편 합죽선이 바람을 안고 춤추는 동안
나는 다시 한 번 자유를 향해 날개를 펴보는
거야. 새가 되는 거야. 바람이 되는 거야.

외줄타기

태어나 처음 오른 건 어름사니[4] 아비의 손바닥
얇고 깊은 동맥활[5] 한 가운데 밟고 섰다
생의 끈은 외줄이다

합죽선 접었다 편 사이 바람 걸음 먼저 오른 외줄
북장단에 외홍잡이 허공잡이 가뿐하다
아슬한 헛걸음도 재주다

오늘 나도

---

4) 어름사니는 남사당패에서 줄을 타는 줄꾼을 말한다. 줄타기를 남사당 말로 '얼음'이라 하는데 얼음판을 걷듯 아슬아슬하고 위험하다고 해서 붙여진 이름.'사니'는 사람과 신의 중간이라는 뜻이다.

5) 자동맥과 노동맥이 손바닥에서 만나 이루는 동맥활. 얕은 것과 깊은 것이 있다.

바람 잡고 선 외줄에서 외발로 간다
인생은 곡예다.

- 졸시 「외줄타기」 -

하늘 끝과 끝 사이엔 날쌘 바람 한 줄기 스친 자국이 팽팽하게 걸쳐진다. 쪽빛 조끼에 패랭이를 쓴 어름사니가 그 위로 상큼 오른다. 그의 가뿐한 발끝에 외줄이 탕! 하는 울음소리를 내며 자지러들고 활짝 편 합죽선이 파르르 몸을 떤다. 이어 북장단이 둥둥거리며 다가서면 그들은 이내 하나가 된다. 한 발은 줄을 딛고 한 다리는 들고 앉았다 일어섰다 하는 외홍잡이, 가랑이 사이로 줄을 타고 앉았다 일어났다 하는 양홍잡이. 앗차! 헛발질에 구경꾼들의 간이 서늘해진다. 어름사니의 재치 있는 입담에 구경꾼들이 까르르 넘어간다. 그는 하늘 위에서 아래 세상을 내려다보면서 마음껏 기량을 펼치고 있다.

몇 년 전 「왕의 남자」라는 영화가 장안의 화제가 된 적이 있다. 국사가 결정되는 권력의 최정점인 동시에 정치적 음모와 암투의 중심지였던 조선시대 궁궐. 「왕의 남자」는 궁에 기거하면서 왕이 이(爾: 왕이 신하를 높여 부르는 호칭)라 부르며 아꼈던 조선 최초 궁중광대를 주인공으로, 중신들의 비리, 조정과 왕의 힘겨루기 등 화려한 궁궐 이면에 감춰진 권력의 양면성을 담아낸 영화였다.

남사당패의 광대 장생은 힘 있는 양반들에게 농락당하던 생활을 거부하고, 하나뿐인 친구이자 최고의 동료인 공길과 보다 큰 놀이판을 찾아 한양으로 올라온다. 놀이패 무리를 이끌게 된 장생은 공길과 함께 연산군과 그의 애첩인 녹수를 풍자하는 놀이판을 벌여 한양의 명물이 된다.

궁궐은 일반 백성보다 미천한 신분인 광대들이 넘볼 수 없는 성역이자 광대들보다 자유롭지 못한 인간군상의 집합소다. 화려한 연회에서도 왕과 중신들은 서로를 견제하고, 중신들 사이에서도 권력의 암투가 끊이지 않는다. 궁중에서 권력에 연연하지 않고 자유를 누리는 사람들은 오로지 광대들뿐이었다. 가장 낮은 신분의 광대 장생, 굶주린 배를 채우는 것만이 전부인 천민 중의 천민 광대이지만 허공의 줄 위에서는 낮은 세상을 희롱하고 진정한 자유를 누릴 수 있는 것이 아닌가.

연이은 연회에서 광대들은 여인들의 암투로 인해 왕이 후궁에게 사약을 내리는 경극을 연기하고, 연산은 같은 이유로 왕에게 사약을 받았던 생모 폐비 윤씨를 상기하며 진노하여 그 자리에서 선왕의 여자들을 칼로 베어 죽인다.

한 시대에서 제일 높은 자리에 있음에도 불구하고 모성애 결핍이라는 심적 나약 상태를 안고 있는 고독한 인간, 연산. 그의 광기는 극에 달했다. 공연을 할 때마다 궁이 피바다로 변한다. 뿐인가. 질투로 장생의 눈을 지진다.

연산은 연회를 열고 거기서 장님이 된 장생이 공길이와 함께 줄타기를 하게 된다. 둘이는 막막한 현실에서 피안의 세계로 도망치듯이 외줄 위로 날아오르는데, 이때 연산군을 몰아내려는 무리들이 들이닥친다.

민속촌에서 외줄타기 공연을 보면서, 영화 「왕의 남자」의 마지막 장면이 눈앞에 펼쳐지는 듯했다. 줄 위의 어름사니가, "양반도 싫다. 왕도 싫다. 다시 태어나도 광대로 태어날란다."라고 외치던 장생인 듯도 싶고 공길인 듯도 싶었다. 그들은 시간의 줄을 타고 아득한 과거에서 오늘 속으로 달려왔다. 그리고 다시 흥에 겨워 제 세상인 양 잰걸음으로 외줄 위를 걷고 달리고 공중회전까지 한다. 구경꾼들의 박수가 터졌다. 줄 위에 앉았다가 일어서면서 한쪽 발을 번쩍 들어 제 코를 차는 시늉을 하는 '양발 코차기'로 구경꾼들의 환호를 받았다.

나는 환호 뒤에 서려있는 저들의 피땀 어린 시간을 헤아려 보았다. 그들의 재주를 본 답례로 꼭 그래야만 할 것 같은 생각이 들었다. '광대 인생'이라 하면 그저 힘들고 서글픈 직업이라는 인식이 강하게 박혀있는 세상에서 얼마나 많은 시간 동안 설움을 삼키며 자신을 단련시켰겠는가. 이제는 중요무형문화재로 지정되어 이전과는 달라진 위상이지만 확고한 자긍심 없이는 결코 가기 힘든 길이다. 그러나 자신만의 외줄 위에서는 누구보다 당당하다.

어쩌면 우리가 살아가는 길도 얼음판 같이 미끄럽고 아슬아슬한 외줄타기가 아닌가 하는 생각이 든다. 딛고 선 외줄과 하나 되기 위해서 저들처럼 자신을 끊임없이 훈련시켜야 하는데, 노력 없이 요행수를 바라며 서툰 걸음을 내딛지는 않았는지. 그러고 이내 실패의 쓴 맛을 한탄하는 이들은 또 얼마나 많은가. 나 또한 주어진 환경을 뛰어넘으려는 노력보다는 오르지도 않고 주저앉은 채 나약한 모습으로 살아오지는 않았는지.

'오르자. 내게 주어진 삶의 줄은 외줄이다. 위태롭고 높아도 그와 하나 되기 위해서 몇 번이라도 다시 오르는 거야. 휘청거리는 발걸음을 자신 있는 마음으로 바꾸기 위해 나를 던지는 거야 신명나게 놀아보는 거야. 뛰고 날고 덩실덩실 춤춰보는 거야. 활짝 편 합죽선이 바람을 안고 춤추는 동안 나는 다시 한 번 자유를 향해 날개를 펴보는 거야. 새가 되는 거야. 바람이 되는 거야.'

어머니의 가방

오래된 어머니의 가방을 가지고 있다. 보통 크기의 책이 두 권쯤 들어갈 만큼의 검은 가죽 가방은 손잡이도 모서리도 허옇게 낡았다. 난 왜 이 가방을 버리지 못한 걸까?

좀처럼 지치지 않을 것 같은 기력의 소유자였던 어머니도 팔순을 넘기면서부터 약한 딸 뒷바라지와 천식으로 많이 약해지셨다. 꼿꼿했던 모습도 몇 번의 입원과 퇴원을 반복하면서 풀기 거둔 모시옷처럼 흐느적거렸다. 그 무렵부터인가, 어머니는 가방을 손에서 놓지 않으셨다.

어머니는 외출할 때는 물론이거니와 주무실 때도 가방을 이불 속에 안고 주무셨다. 식사할 때도 무릎 위에 놓았고, 심지어 화장실 갈 때도 들고 가셨다. 함께 사는 나도 절대 만지지 못하게 했다. 뿐인가 가끔은 가방에서 뭔가 없어졌다고 몹시 화를 내셨다. '자식보다 가방이 더 좋은가봐' 하면서 나는 어머니의 처사를 이해하지 못하겠다고 투덜거렸다.

어머니가 세상에서 마지막을 보내시던 날이다. 늘 그랬듯이 과하다 싶을 정도로 저녁을 아주 맛있게 드셨다. 그리고 주무시다가 갑자기 배가 아프다고 펄펄 뛰셨다. 깜박 잠이 들려고 했던 나는 부랴부랴 몸을 일으켰다. 어머니는 구급차를 불러달라고 다급하게 부탁하셨다.

병원으로 실려 간 어머니는 그 아픈 중에도 가방을 손에서 놓지 않으셨다. 엑스레이 촬영을 하러들어 가면서도 내게 가방을 맡기지 않으셨다. 오죽하면 간호사가 "따님이 아닌가요? 가방을 맡기세요." 했을 정도였다.

응급실에서 별다른 증상을 발견하지도 못했고 증상이 크게 완화되지도 못했다. 의사는 응급조치는 취했으니 따뜻한 집에 가서 주무시는 게 낫겠다고 권했다.

그리고 그 다음 날 아침이었다. 방문을 열고 보니 어머니는 편안히 주무시고 계셨다. 햇살이 창 너머로 기어들어와 어머니 발치쯤에서 머뭇거렸다. 저만치 가방이 혼자 떨어져 있었다. 나는 평소와 달리 가방을 만졌다. '너 뭘 만지니!' 분명 어머니가 큰소리로 나무라실 줄 알았는데 너무 조용했다. 그 침묵이 나를 숨이 멈출 만큼 당황하게 만들었다.

아무리 흔들어도, 고집 센 어머니는 끝내 눈을 뜨지 않으셨다. 부족한 딸 두고 갈 수 없어 꼭 함께 가자던 길을 홀로 떠나신 거다. 잘 있으라는 말도, 나 홀로 어찌 살라는 말도 남기지 않으신 채였다. 그리고 가방도 들지 않으신 채로.

세상 떠나는 이를 배웅하는 과정은 너무 슬프고 힘들었다. 나는 어머니의 마지막 손을 놓지 못해 며칠 밤을 새우고 며칠 밤을 울었다. 그러고 나서 며칠 밤을 내리 잤다. 슬픈 기억을 지우고 잠에서 깨어나면 어머니가 다시 내 곁에 누워 있을 것 같은 생각을 하면서.

영 깨어나지 못할 것 같은 잠에서 깨어났다. 햇살은 여전히 내 발치쯤에 누워 머뭇거렸다. 난 사방을 두리번거리며 어머니를 찾았다. 저만치 검은 가죽 가방만이 반쯤 몸을 세우고 서 있다. 어머니의 영혼, 그 어느 곳에도 기대지 못한 가방이 나를 올려다본다. 벌떡 몸을 일으켜 가방을 집어 들고 마구 흔들어댔다. 어머니가 떠난 것이 모두 어머니를 독차지 하고 있던 가방 탓이라도 되는 듯이.

30년도 더 넘게 가지고 다녔을 낡은 수첩이 툭 떨어진다. 노인버스요금이 입금되는 저금통장이 튀어 나온다. 그 갈피에서 여전히 은밀한 숨을 쉬는 비밀번호들이 몸을 들썩였다. 아들 딸, 외손자의 생일을 담은 숫자들이 빨간빛으로 초록빛으로 고개를 쳐든다. 간장 담그기 좋은 날, 오이지 담그는 법이 빛바랜 옷을 걸치고 삐뚤 비뚤 서 있다. 와르르 쏟아지는 100원짜리 동전이 햇빛을 받아 반짝인다. 나는 아직 살아있다고 몸을 으쓱이는 듯했다. 그리고 팔락거리며 내 가슴으로 날아드는 활짝 웃는 아이 모습, 여섯 살 때쯤 찍은 내 사진이다.

돌아가시기 얼마 전부터 어머니는 간간이 맑은 정신줄을 놓으시곤 했다. 막내딸이라면 쩔쩔 매시던 모습은 어디로 가고 자신만을 생각하시는 것 같았다. 반찬값을 떼먹었다고 나를 다그치기도 했고, 가방을 뒤졌다고 억지를 부리셨다. 그런 어머니의 모습이 측은하면서도 솔직히 속으로 미워도 했고 원망도 했다. 가방에 집착하는 모습도 싫었다. 그런데 어머니는 그저 가방만 안고 다닌 게 아니셨다.

통장 속 차곡차곡 모아 놓은 많지 않은 돈은, 딸에게 남겨주고 싶은 마지막 배려였고 자꾸 나약해지는 어머니를 지켜주는 힘이기도 했다. 수첩 속에 간직한 아들 딸 손자들의 기억도 어머니를 지탱시키는 삶의 끈이었다. 아이 적 내 모습에서, 아득한 시간 속 젊은 엄마의 행복을 잡아두었으리라. 어머니는 자꾸만 흐려지는 기억들을 가방 안에 꼭꼭 가두고 놓지 않으려 애쓰셨다. 가방은 손에서 놓아버리면 영영 다시 찾지 못할 기억의 창고였고 움직이는 금고였다. 맥박이 뛰고 있는 생명줄이기도 했다. 순간, 아릿한 아픔이 가슴 한복판을 싸늘하게 훑고 번져나갔다. 가방을 들고 가지 못한 어머니의 먼 여행길에 목이 메었다.

10여 년이 훌쩍 넘어선 오늘까지 난 가끔 그 낡은 가방을 들춰본다. 저금통장이나 동전들은 사라졌지만 깊숙한 곳 거기에, 여전히 어머니가 머물고 있다. 여섯 살 내가 몸을 비집고 나와 싱긋 웃는다. 나도 그 기억의 한 부분을 놓지 않고 있다. 어머니처럼.

종이 피아노

초등학교 2학년 때쯤인가. 선생님이 나눠준 하얀 마분지를 책상 위에 쫙 펼치니 피아노 건반이 되었다. 피아노가 없는 교실에서 아이들에게 건반을 익히기 위한 착상이었던 싶다.

하얀 건반 위에 조심스레 한 손가락씩 올려본다. '도~레~미' 슬그머니 검은 건반 위로 손을 옮겨본다. 반음 올리고 반음 내려 본다. 어느새 신이 났는지 두 손가락이 달리기 선수처럼 건반 위를 마구 뛰어 다닌다. '딩딩 당당!' 이어 자신감이 붙었는지 열 손가락을 쫙 펴서 건반을 힘주고 꾹 누른다. 아니 내려치는 것 같다. '우르르 꽝! 꽝!' 이젠 수준급 피아니스트 품새가 다 됐다. 내버려 두었다가는 금세 건반을 부서뜨릴지도 모른다.

40개의 피아노 건반이 일제히 소리를 지른다. '도레~도레~미파 미파~' 아이들이 누르는 종이 건반은 아이들 목청을 따라 소리를 낸다. 교실 안은 소리 없는 피아노소리로 가득 찼다.

집에 돌아와서도 피아노 건반이 눈앞에 어른거렸다. 그날 밤 꿈속에서는 나풀거리는 드레스를 입고 무대 위에서 피아노를 쳤다. 꿈속 상황은 지워지지 않고 현실 속에서 '진짜 소리 나는 피아노를 배우고 싶다'라는 바람으로 이어졌다. 내가 유명한 피아니스트가 되지 않을까 하는 기막힌 상상도 하게 됐다. 이 바람은 이내 소리를 타고 어머니에게 전해졌다. 노래는 물론이거니와 음악에 영 소질도 없고 취미도 없는 막내딸의 청에 시간을 끌지도 않고 바로 고개를 끄떡이셨다. 아마도 그리 오래 갈 것 같지 않은 나의 바람에 일단 긍정으로 마음을 달래보자는 생각이셨을 거라 여겨진다.

당장 다음 날부터 피아노 배우는 친구를 따라가 피아노 앞에 앉았다. "손가락이 길어서 피아노를 잘 칠 것 같네요."

선생님의 말에 어머니는 싫지 않은 표정이셨다.

그날부터 한동안 열심히 피아노를 배우러 다녔다. 소리 나는 피아노를 친다는 자부심으로 친구들에게 어깨를 들먹이기도 했다. 그러나 얼마큼 시간이 지나면서 점점 피아노 교실 가는 일이 힘들어지기 시작했다. 급기야는 1시간 연습이 하기 싫어서 시계를 빠르게 돌려놓는 기막힌 일을 저지르고 말았다. 그래도 어머니는 내가 싫증을 낸 것이 아니라 몸이 약해서 힘이 부쳐서 그럴 거라는 너그러운 결론을 내리셨다. 그 후 소리 나지 않는 피아노도 소리 나는 피아노도 유년의 일상에서 희미해져 갔다.

인디언의 한 부족은 누구나 세상에 태어나면서 자신만의 노래를 갖고 태어난다고 믿고 있다. 그리고 세상과 이별할 때도 자신만의 노래를 가지고 떠난다고 한다. 아이의 생일을 정할 때도 잉태된 날로부터 하지 않고 엄마의 마음속에서 아이가 맨 처음 떠오른 날부터 계산한다고 한다. 아이를 떠올리고 그래서 그 아이를 갖겠다고 결심한 여인은 숲 속의 커다란 나무 아래로 가서 자신이 원하는 아이의 노래가 들려오기를 귀 기울이며 기다린다. 이것은 신성한 의식과도 같다. 세속적인 곳으로부터 벗어나 호젓한 장소에서 새로운 생명을 맞을 준비를 하는 것이다. 내면 깊숙한 곳에서 속삭이는 아기의 작은 노래를 들으려고 침묵하며 스스로를 정화한다.

건강 탓에 남들과 다른 삶을 살아가면서 내게도 나의 노래가 있는가? 스스로 물어보곤 했다. 어머니가 나를 최초로 기억하고 들었던 노래를 나의 것으로 간직한 채 삶을 여행한다고 하는데, 존재 깊은 곳에서 들려오는 그 노래를 들어보려고 한 적은 있는지 궁금해졌다.

나는 이제껏 듣지 못했다. 아니 들으려하지도 않았다. 오히려 늘 아프다고 신음소리를 냈다. 힘들다고 투덜거렸다. 왜 나만 힘드냐고 불평도 했다. 소리 나는 즐거움을 찾기 위해서 나만의 노랫소리를 찾아내지 못했다. 그런데 문득 하나님은 스스로 자신의 노래를 연주할 수 있게 만드시려고 내 몸 속 어느 곳엔가 어릴 적 기억 속의 종이 피아노를 숨겨 놓으셨는지도 모른다는 생각이 들었다. 악기는 누르고 불고 두드려 울림통을 건드려야 소리를 낼 수 있다. 아름다운 소리를 내기 위해서는 자신 있는 손놀림과 열정이 필요하다. 상처 역시 부딪혀서 아픔을 끌어내야만 진한 감동의 떨림이 전해진다. 껍질뿐인 종이 피아노에게 혼을 불어넣어 아름다운 연주를 할 수 있을 때 비로소 자신만의 노래가 들리지 않을까.

돌아보았다. 둥둥당당~ 종이 피아노소리에 즐거워하는 작은 아이가 보였다. 가만히 종이 건반 위에 두 손을 올려놓는다. 부드럽고 가볍게 건반을 두들긴다. 아, 신기하게도 희미하게 노랫소리가 들리기 시작한다. 내 안에 가둬두었던 소리들이 손길을 따라 깨어나고 있는 듯하다. 하나씩의 음표는 날개를 달고 푸른 하늘로 날아간다. 또 물고기 되어 깊은 바다 속을 헤엄치고 있다. 갇혀있던 소리들이 비로소 자유로워진 것이다. 어머니가 들었던 바로 그 노랫소리가 아닐는지.

지는 해를 잡으러 가다

해를 잡으러 갔다
밀랍의 날개는 녹아버렸는데
바다는 금빛 그물을 던진다

이카로스[6] 섬 사이로
날개 없는 새는 추락하고
바다엔 천만 개 붉은 깃털이 춤춘다
만취한 그물망엔
물고기로 펄떡이는 나
해를 잡으러 갔는데

---

6) 깃털과 밀랍으로 만든 날개로 하늘을 날아 겁 없이 태양에 다가가는 이카로스는 불가능에 도전하는 젊은이의 고고한 기상의 상징이다. 그리스 로마신화 속 다이달로스의 아들

해가 나를 잡았구나

- 졸시 『해를 잡으러 갔다』 -

눈총을 주고 불평을 해대도 끄떡없이 버티던 겨울이 주섬주섬 짐을 꾸리기 시작했다. 이내 빛바래 남루한 보퉁이 이고 멈칫거리면서 떠난 자리엔 새로 꾸민 이불처럼 산뜻한 봄이 조심스레 기웃거린다. 반가웠다. 마른 가지 끝을 흔드는 바람이 아직은 차갑지만 그 반가움을 거느리고 서둘러 남쪽으로 여행을 떠나기로 했다. 봄을 품은 바다가 보고 싶어서이다.

네 번째 거제도 여행이다. 매번 버스를 타고 달리다 '통영' 이정표를 지나고 어느새 거제대교를 건널 즈음이 오면 가슴이 두근거리기 시작한다. 많이 그리웠기 때문일까. 드디어 거제도는 무한한 매력을 지닌 연인처럼 청청한 몸짓으로 내 안으로 들어선다. 숨을 깊게 들여 마셔본다. 섬과 하나 되는 떨림이 파도처럼 일렁인다.

며칠 전 바람에 꽃잎을 떨어뜨린 벚꽃이 반쯤의 웃음으로 반긴다. 몇 번이고 지나쳤을 바닷길이며 마주보이는 섬들이 낯선 이야기를 건넨다. 작은 섬 사이로 해가 번뜩이며 지나간다. 구름이 많을 거라는 일기예보는 빗나갔다. 나는 이번에는 바다와 섬을 불 지르고 수평선 너머로 사라지는 붉은 석양을 꼭 볼 수 있으리라는 기대를 해보기로 했다.

지난해 오월 거제도 여행은, 3박 4일 동안 단 하루도 갠 날이 없었다. 비가 내릴 거라는 일기예보는 있었지만 그래도 '하루쯤은 비가 그치겠지'라는 기대를 했다. 하지만 비는 멈추지 않았고 섬은 안개 속에 잠겨 몽롱한 꿈속을 헤매는 듯했다. 사방을 둘러보아도 어디가 바다고 어디가 섬인지 구분을 할 수가 없었다. 두터운 구름 속에 깊숙이 숨어버린 해는 설핏한 그림자도 보기 힘들었다. 나는 빗속 여행에 긍정적인 평가를 내리고 스스로를 위로했지만 선연한 섬의 자태도 석양도 볼 수 없음은 많이 아쉬웠다.

여행 둘째 날, 통영에서 배를 타고 욕지도로 향했다. 꼭 가보고 싶은 섬이었다. 뱃길로 왕복 3시간쯤이 소요됐고 투명한 녹색 바다를 보면서 섬 일주를 드라이브 했다. 해녀가 직접 채취한 해산물로 점심식사를 하고 6시 저녁식사시간을 맞추느라 서둘러 숙소로 돌아왔다. 숙소로 가는 길에 해가 바다와 하늘 중간쯤에 여전히 눈부신 빛으로 떠있다. 빨리 저녁식사를 마치면

석양을 볼 수 있을 것 같다.

"해를 잡으러 가자!"

가이드를 해주는 총각시인이 소리쳤다. 식사가 끝나자 우리 일행을 태운 차는 해를 가장 잘 볼 수 있는 위치를 찾느라 달리기 시작했다. 이만큼쯤에서는 섬이 해를 가린다. 좀 더 달려보면 어떨까? 좀 더 달려간 곳도 만족할 만한 위치가 아니다. 몇 군데를 더 가보았지만 마찬가지였다. 그 사이 해는 빛을 잃고 낮게 가라앉아 어둠으로 사라지기 일보 직전이었다. 결국 그날 우린 아름다운 저녁 해를 잡지 못했다.

여행 마지막 저녁이다. 각자 다른 여행일정을 잡은 일행이 장승포에서 만나 마른 생선을 사고 숙소로 돌아오면서 다시 석양을 보자고 했다. 하지만 6시 저녁식사와 일몰시간이 겹쳐진 것이 아쉬웠다. 또 몇 번의 실망에 포기해버린 이도 있다. 그러나 다시 해를 잡으러 가자며, 뜻을 같이한 몇 분이 식사를 포기하고 나섰다. 다행히 어디쯤이 가장 좋은지 장소도 미리 보아두었기에 헤매느라 시간을 낭비하지도 않았다.

굴 양식장, 씨조개 묶음이 산처럼 쌓여 있는 비릿한 해안가는 먼발치로 작은 섬들이 겹겹이 떠 있지만 바다가 막힘없이 펼쳐진 곳이다. 해는 자욱한 어둠을 배경으로 불씨를 살려 섬을 불사르고 하늘을 태운다. 바다를 붉은 걸음으로 밟은 뒤, 여유로운 몸짓으로 빈 배에 걸터앉아 흔들거린다. 출렁이는 물결에 취기 오른 발길을 적신다. 그러나 감동은 길지 않았다. 어느새 어둠 속으로 사라져갔다. 아니, 사라진 것이 아니다. 내가 해를 삼킨 듯하다. 내 안에서 물고기처럼 펄떡이는 붉은 덩어리. 아, 데인 가슴이 아리다.

우리는 왜 그토록 지는 해를 잡고 싶어 했을까? 그건 하루를 마치는 시간이 아쉬워서 일게다. 마지막 타오르는 열정을 가슴속에 간직하고 싶을 터, 우리 삶의 바다 어디쯤을 지나가면서도 아름다운 마침과 그 너머에 준비된 알 수 없는 내일을 빛남으로 갈망하는 또 다른 바람이 아닐까 싶다.

여행을 마치고 집으로 오는 차창 밖으로 저녁 해가 따라온다. 아파트와 아파트 사이로 잠시 몸을 숨겼다가 다시 붉은 몸을 드러낸다. 섬에 두고 왔는데… 내가 해를 잡은 것이 아니라, 해가 나를 잡았구나.

자연의 힘

2011년

지난해 아이티 지진 참사, 이 해 들어서 뉴질랜드 제2의 대도시 크라이스트처치에서 80년 만의 최악의 지진으로 큰 타격을 받았다. 도심지역에서는 상업용 건물 5백여 채가 파손됐으며 주택의 20%는 거주할 수 없을 정도의 피해를 입은 것으로 알려지고 있다.

뉴질랜드의 지진에 이어 일본 노우쿠 지역에 최대지진이 발생했다. 9.0강진이다. 지축이 거세게 흔들렸다. 견고하게 지은 집이 장난감처럼 무너져 내렸다. 땅은 분노의 속살을 드러낸 듯이

쩍 갈라져서 건물들과 그 건물의 주인인 사람들과 그 사람의 많은 소유들을 삼켜버렸다. 이어 높이 10m 이상의 거대한 쓰나미가 휩쓸고 지나갔다. 뉴질랜드 지진의 15배의 위력이라고 한다. 지진 대비가 최고 수준인 일본도 아무런 대책 없이 당했다. 자연의 분노 앞에 문명이 쌓아 놓은 위대한 결과물이 어이 없이 무너져 내렸다. 그뿐이 아니다. 인간의 최대 이기적인 발명품인 원전이 그 총부리를 인간 쪽으로 돌렸다. 인간이 발명하고 인간이 편리하게 사용했고 마음대로 조정할 수 있다던 원전이 통제 불가능한 위험요소로 변해버렸다. 인간들은 지진 피해보다 더 무서운 방사능 공포에 떨고 있다.

어느 날

한 사람이 원격조정 모형비행기를 선물로 받았다. 배터리를 충전시킨 후 설레는 마음으로 비행기를 날렸다. 몇 번의 실패가 있었지만 다시 도전했고 그리고 멋진 비행에 성공했다. 그러나 매 한 마리가 그 비행기 위를 돌고 있었다. 근처에 둥지가 있는 것 같다. 고작 1m남짓의 모형비행기였지만 매는 자세히 살폈다. 그러다가 갑자기 비행기를 공격했다. 30m 상공에서 모형비행기를 조정하는 사람과 매는 치열한 싸움을 벌였다. 싸움이 재미있어질 즈음 비행기는 배터리가 다 돼서 추락했다. 물론 산산조각이 났다.

사람의 정교한 창작물이 하나님의 창조물에 비할 수 없음을, 모형비행기의 플라스틱 살은 매의 뼈와 살에 비할 수가 없었다는 깨달음이다.[7)]

인 간

명석한 두뇌로 이루어내는 문명의 발달은 끝이 없었다. 그래서 자연을 이기고 자연을 지배할 수 있다는 자부심으로 살아왔다. 그러나 일본 대지진은 자연의 초월적 힘을 다시 한 번 뼈저리게 상기시켜줬다. 바벨탑처럼 쌓아올린 문명의 힘은 쉽사리 무너졌다. 예측 불가능한 자연의 재해 앞에 인간들은 손수무책이었다. 천지부인(天地不仁)-자연은 인간에게 너그럽지 않다. 자연 앞에 인간은 짚으로 만든 개에 지나지 않는다는 노자의 명언을 되새겨 본다.

그러나 자연의 분노 앞에 벌벌 떠는 인간들의 두려움은 잠시이다. 망각이라는 편리한 도구를 이용해서 어제를 잊고 다시 자연을 화나게 만든다. 우리의 아이들이 먼 훗날 되돌려 받아야할, 감당할 수 없는 부채(負債)를 키우고 있다.

---

7) 『영적 깊이를 갈망하는 세대에게』 - 크리스천 조지에서 발췌 -

봄

차가운 계절 속에서 죽은 듯이 잠자던 봄꽃들이 피어났다. 지진이 지나간 참혹한 땅에도, 태풍이 휩쓸고 간 땅에도, 온갖 재난에도 아랑곳없이 더욱 눈부시다. 세상은 온통 꽃 천지다. 꽃은 피어나야 할 철을 알고, 또 꽃을 피워서 세상을 아름답게 만들어야 하는 도리를 알고 있다. 그뿐인가. 시작할 때를 아는 것보다 더 어려운 것이 만족함으로 내려놓을 때를 아는 것이라 했는데, 새롭게 돋아나는 잎을 위해서 스스로 떠나야 할 때를 알고 떨어진다. 우리는 꽃에게서 세상을 이끄는 놀랍고도 지혜로운 힘을 배운다. 꽃들은 작은 몸짓으로 큰 울림의 메시지를 전한다.

자연의 재해는 자연의 소중함을 재고해볼 수 있는 깨달음이다. 나무의 말을 들으려면 나무가 되어야 한다는 이야기처럼, 상처 난 자연의 소리를 들으려면 자연과 친해지는 법을 배워야 한다. 비워야 소리를 낼 수 있는 악기처럼 욕심과 자만을 버리고 자연에게 자연스럽게 다가서야 하지 않을까. 우린 꽃잎처럼 작아져야한다. 그러나 꽃잎처럼 철을 알아야 하고 또 다가올 계절을 향해 희망을 놓지 않아야 한다고.

그림을 그리면서

화선지를 정갈하게 펴 놓고 양쪽 가를 문진으로 눌렀다. 먹을 듬뿍 묻혀 조심스럽게 붓을 움직인다.

한 번 찍은 붓끝의 농담으로 국화를 피우고 고귀한 자태로 난초가 잎을 뻗어 올린다. 매화 가지가 힘차게 굼틀거리고 향기가 잔잔하게 나무를 휘감고 오른다. 수묵화는 그렇게 날아가듯 붓을 세우고 또 눕혀서 무(無)에서 유(有)를 창조한다. 바람 없는 하루에도 스치는 바람을 부를 수 있다. 화선지를 채워나가는 것이 아니다. 여백 속에 그림이 존재한다. 아니, 그림 속에 여백이 존재하는 것이다.

한 번 잘못 간 붓 자국 때문에 이제껏 그린 그림이 다 헛수고가 되기도 했다. 덧칠을 할 수가 없기 때문이다. 하얀 화선지의 정한 공백이 우리네 삶 같아서 발 한 번 잘못 디디면 영 지울 수 없는 오점을 남기는 것과 같지 않나. 그런 탓에 그림을 그릴 때 운 좋게도 단 한 번에 마음에 드는 그림을 얻을 수도 있겠지만, 하나의 완성을 위해서 수십 장을 그려야하는 것이 구도자의 길처럼 힘겹게 여겨졌다. 옛날 영화 속에 소설가의 책상 옆에 쌓이는 구겨진 원고지처럼, 내 곁에도 구겨진 화선지가 쌓였다. 만족을 얻기 위해 버리고 또 버렸다. 그러다가 얻어진 한 장의 그림은 단순한 그림이 아니었다. 세상을 다 얻은 듯한 기쁨이, 버린 화선지 부피를 넘어서기도 했다.

수묵화의 단조로움에서 벗어나고 싶었다. 한 번 날아 가버리면 돌이킬 수 없는 먹 선을 책임져야 하는 부담감에서 벗어나고 싶었다. 자유롭고 강렬한 색채에 빠져들고 싶었다. 정말은 실수도 덮을 수 있다는 덧칠의 유혹이 나를 잡아끌었다.

칠을 하고나서 그 위에 또 칠을 한다. 요즘 내가 서툴게 유화를 그리면서 터득한 방법이다. 그런데 덧칠이 지난 시간을 덮는 것인 줄만 알았다. 그러나 지난 흔적을 덮고 또 덮어가면서 그린 그림이라고 해서 흔적을 말끔하게 지울 수 있는 게 아니라는 걸 서서히 깨닫게 됐다. 색 위로 더 두텁게 색을 칠했다고 해서 바탕색 전부가 덮어지는 것이 아님을 시간이 지나면서 알게 됐다. 그림은 눈으로만 보는 것이 아니기 때문이다. 보이는 것은 사실일 뿐이지 진실이 아니기 때문이다. 마음의 눈으로 보면 분명 남아있는 색의 흔적과 치열한 붓 자국의 울림이, 완성된 그림의 밑그림으로 두껍게 존재하고 있다. 우리가 덮어버렸다고 생각하는 지난 일들이 우리네 삶의 갈피에 영원히 존재하며 또한 오늘 속으로 숨김없이 배어 올라오는 것처럼, 두터운 화장으로 덮어도 주름진 세월의 흔적을 모두 지울 수 없는 것처럼, 과거와 현재가 함께 가는 것이 또한 진정한 우리의 모습이 아닌가 싶다

우리네 삶은 하루하루의 붓 자국으로 모여 하나의 완성된 그림을 그려간다. 그 붓 자국에 우리의 혼이 살아 움직인다. 동양화의 일필휘지, 힘차고 자신 있는 필력을 위해서 얼마나 많은 땀과 눈물로 쌓아올린 숙련의 기간이 필요한 것인가? 유화 역시 오묘한 색감을 위해서 얼마나 많은 덧칠 속에도 지울 수 없는 붓 자국의 흔적들이 남아있어야 하는가? 무심코 던진 말 한 마디처럼, 가볍게 휘두른 붓의 흔적이라도 끝까지 책임을 져주어야 하는 것이 삶을 하나의 작품으로 완성해가야 하는 이들의 도리 아닐까? 아직도 수많은 질문의 답을 얻지 못한 갈등 속에서 어쭙잖은 그림을 그리고 있다.

박씨 물고 온 제비

'강남 갔던 제비는 왜 안 오는 거지? 이맘 때쯤이면 날아와 봄소식을 전해주었는데….'

요즘 제비가 보이지 않는다고 한다. 서울에서는 2008년 이후 제비가 보이지 않았다고 한다. 그러나 사람들은 제비의 존재조차 잊고 살아가는 것 같다. 함께 살아가야 할 세상을 인간들이 다 차지해 버리니 집 지을 공간이나 재료도 구하기 어렵고 먹이도 구하기 어려워 도심을 떠난 건 아닐까. 혹 박 씨를 가져다 줄 대상도 찾기 힘들어 진건 아닐는지. 이러다가는 우리 아이들이 옛 이야기 속에 등장하는 제비만을 기억할는지도 모를까 싶어 안타까워진다.

전에 단독 주택에서 살던 때다. 제비 한 마리가 대청마루 창을 통해 방안으로 들어왔다. 나는 빨리 나가라고 창을 열어주었지만 집 구경을 온 듯이 방안을 천천히 몇 바퀴 돌고는 창밖으로 나갔다. 어머니는 제비가 이곳에 집을 지어도 될는지? 집안 분위기도 보고 인심도 보려고 그랬을 거라고 하셨다. "아무리 그랬을까." 하는 나의 말을 "제비가 얼마나 영물(靈物)인 줄 아니? 오죽하면 흥부네 박 씨도 물어다 주었겠니."라고 한마디로 일축하셨다. 물론 나는 그 말을 웃어넘겨 버렸지만 어머니는 흡사 제비가 우리 집에 복을 주려고 온 것 같이 반기시는 눈치다. 내가 아파서 학교도 쉬고 집에 있을 때였으니 그런 생각을 하지 않았나 싶다. 나는 오히려 제비가 드나들면 얼마나 귀찮겠냐며 집을 짓지 말았으면 좋겠다고 했다.

그런 후 며칠 있다가 정말 제비 한 쌍이 날아들더니 어디서 구했는지 진흙 한 입 씩, 지푸라기 한 올씩 물어다가 부지런히 집을 짓기 시작했다. 대청 밖 지붕안쪽에 전구를 달았는데, 건물 안쪽과 전구 사이에 전선이 두 줄 연결되어 있다. 그 전선을 의지하고 정교하게 집을 지었다. 제비집은 반죽된 흙에 지푸라기를 섞어 굳으면 그릇처럼 단단하다. 재료 선택도 탁월하다. 자연소재로 지은 집이니 새집증후군 따위를 염려하지 않아도 된다. 그러니 새들을 탁월한 건축가라고 하는 말이 맞는 듯싶다.

> …여섯 달 만에 쓰지 않고 버리는 것은 제비집이며, 일 년 만에 쓰지 않아 버리는 것은 까치집이다. 그러나 집을 지을 때만 해도 누에는 창자에서 실을 뽑아 집을 짓고, 제비는 침을 토해 진흙을 만들며, 까치는 부지런히 풀과 볏짚을 물어와 짓느라 입이 헐고 꽁지가 빠질 지경이 된다. 그런데도 피곤한 줄 모른다….
> -「조선 지식인의 아름다운 문장」에서 -

그랬다. 본능의 힘인지 열심히 드나들며 집을 짓더니 드디어 입주다. 얼마 후엔 알을 낳고 어미 새가 품고 앉았다. 알에서 새끼가 깨고부터 제비 부부는 더욱 부지런히 모이를 물고 드나들었다. 어려서는 어미 새나 아빠 새가 새끼 배설물을 입에 물고 갖다 버리는 눈치다. 그러나 새끼들이 조금 크고 똘똘 해지니까 몸을 집 밖으로 돌려 볼일을 본다. 조그만 보금자리를 자기들 배설물로 가득 채우지 않으려는 나름대로의 지혜가 아닌가.

그때부터 대청마루 앞 툇돌은 매일 닦아내야 할 만큼 지저분해졌다. 그래도 어머니는 싫은 기색이 없으셨다. 고마워서 다음해 박씨라도 물고 올 것을 기대하시는 건지. 어느 날 털이 부스스한 새끼 다섯 마리가 둥지 안에서 번잡스럽게 날갯짓을 해대더니 드디어 둥지 밖 전선까지 나와 앉았다. 어느새 나도 제비 새끼 자라나는 모습을 지켜보는 게 그즈음의 큰 소일거리가 되었다. 다음 날은 마당의 빨랫줄까지 진출을 하더니 며칠 후엔 아예 어미 애비를 따라 나갔는지 보이지 않았다.

싸늘한 바람이 휘청 높다란 하늘가에 쨍하고 부딪치며 산산이 흩어져 내렸다. 마당 빨랫줄에 제비들이 나란히 앉아 있다. 으레 한두 마리 와서 쉬는 것과는 분위기가 다르다. 도열한 집단 같았다. 제비들 중 두 마리가 집 앞으로 가까이 와서 빈 둥지를 한 번 들여다보는 듯했다. 어머니의 상상력이 또 동원 됐다.

"제비가 떠나는 구나. 새끼들 데리고 인사하러 온 거야."

물론 나는 터무니없는 이야기라고 웃기 시작했다. 그러나 그 다음부터 믿기지 않는 상황이 벌어졌다. 제비들이 한 마리씩 우리 곁으로 다가와서 한 바퀴 돌고 가는 거다.

흡사, "고맙습니다. 안녕히 계세요." 하는 것 같았다.

그리고 우리의 시야에서 일제히 사라졌다. 빈 둥지만 남긴 채.

그러고 나서 그 이듬해 봄 제비가 다시 찾아왔다. 제비 얼굴을 구별하지 못하니 우리 집에 살던 제비인지? 또 어미인지 새끼인지도 가늠할 수는 없었다. 그래도 어머니는 반색을 하며 잘

왔다고 말하셨다. 제비는 둥지를 보수하고 새끼를 키우고 또 가을에 떠나고를 몇 해 계속했다. 우리는 그때마다 반겼고 또 섭섭해 하기를 반복했다. 그 후 그 집에서 이사를 했으니 제비와의 연은 더 이상 없었다.

사실 어머니가 정말로 박씨를 물고 오기를 바라서였겠는가. 작은 날짐승 하나라도 정을 주고 소홀히 여기지 않으셨던 거지. 제비들이 충분히 그 마음을 알아차렸으니 그처럼 인사를 하고 떠나지 않았겠는가. 보이는 박씨는 물고 오지 않았지만 내가 조금씩 건강을 회복했고 또 한 걸음씩 사회로 복귀할 수 있었으니 복을 가져다준 게 맞기는 한 듯싶다. 긴 겨울 끝에서 새로운 이야기를 전해준 제비와의 만남이 있어서, 힘든 투병 생활 속에서도 다시 돌아가야 할 일상으로의 끈을 놓지 않았던 걸 아닐까.

내 기억의 뜰엔 봄이면 여전히 제비가 날아오고 또 떠나간다. 만나고 헤어짐도 삶의 일부임을 깨우쳐 주는 듯하다.

노숙자와 노란 참외

노숙자인 듯한 사람이 전동차 한쪽에 커다란 짐 보퉁이를 부려 놓고는 경로석에 떡 하니 자리를 잡고 앉았다. 그 당당함에 주위의 승객들이 오히려 몸을 움츠릴 정도다. 그는 발이 두 개 들어가도 남을 만큼의 커다란 신발을 신고 있다. 넉넉한 공간을 차지한 호사스런 발걸음이 목적지 없는 고단한 길을 다녔으리라.

낡은 힙합 스타일의 바지는 발등을 덮고 차가운 거리를 덮고 더러운 세상을 쓸어내며 다녔는지 무척 피곤해 보였다. 굽은 어깨에 걸친 하얀 후두 티는 모양새가 그에 어울리지 않게 영(young)하고 캐주얼한 점퍼도 상표가 이니셜로 멋지게 새겨져 한때의 영광을 흘깃 보여준다. 그는 타인의 빛나는 인생은 줍지 못하고 낡은 시간만 주워 걸쳤나 보다.

50세 전후로 보이는 그는 오랫동안 거울 같은 건 보지도 않은 얼굴이다. 수염이 잡초처럼 더부룩하게 자란 모습이 흡사 얼마 전 인터넷에서 본, 약물중독에 걸린 맥컬리 컬킨의 모습을 생각나게 한다. 맥컬리 컬킨은 10살 나이에 영화 '나 홀로 집에 1'에 출연해 강한 인상을 남기며 전 세계에 많은 팬을 거느린 아역배우의 대명사였다. 그러던 그가 20여 년이 지나는 사이 부모의 이혼, 애인과의 결별 등과 맞닥뜨리면서 불운의 스타로 전락했다.

앞자리에 앉은 그의 지난날이 궁금해지기 시작했다. 왜 집을 잃은 건가. 왜 세상을 버렸는가? 아니면 세상이 그를 버렸는지…. 그도 맥컬리 컬킨처럼 빛나는 어린 시절을 지녔을 듯도 하다. 너무 많은 것을 지녔었기에 많은 걸 잃어버린 걸 아닐까?

내가 생각 속에 빠져 있는 사이에도 전동차는 덜컹덜컹 소리를 내면서 달렸다. 아무도 그 사람에게 눈길을 주지 않았다. 아니 애써 눈길을 피하려 했다. 그는 눈을 감고 잠을 청하는 듯 보였다. 아마 눈 뜨면 다가서는 막막한 현실을 떠나 풍요로웠던 어제를 환각제처럼 마시고 있는지도 모른다.

녹슨 핸드캐리에 얹어놓은 그의 커다란 짐 보퉁이도 궁금해졌다. 가난한 그가 놓지 못하는 초라한 소유, 그것은 무엇일까? 내가 앉은 위치가 짐 보퉁이와 가까워서 시선을 딴 데 두는 척 하면서 들여다보았다. 신문지 뭉치, 어둡고 남루한 옷. 생각대로 허접한 물건들이 대부분이다. 그런데 아, 눈에 띄는 게 있다. 옷 위에 소중히 얹힌 노란 참외 세 개가 날 올려다보고 있다. 때 묻은 짐 보퉁이와 어울리지 않는 참외의 등장이 의외였다. 허기져 보이는 그는 왜 참외를 먹어버리지 않고 저렇게 짐 속에 간직하고 있는 걸까. 어쩌면 참외에 놓지 못한 사연이 있는지도 모른다 싶어 마음으로 건네는 그의 이야기에 귀를 기울여 보기로 했다.

바삭하게 감정이 메말라 버린 듯한 그가 참외 한 개를 집어 들고 눈물을 글썽인다. 그 참외엔 고향 집 어머니가 절절한 그리움으로 다가선다. 우리 새끼 먹인다고 치마폭에 싸가지고 와서 투박한 부엌칼로 썩썩 깎아주던 시원하고 달콤한 맛이 눈물겹게 생각난다, 3대 독자 귀한 아들이었는데….

또 한 개의 참외를 바라다보니 입덧하는 아내의 얼굴이 어른거려 눈을 감아버린다. 첫 아이 가지고 서다. 제철도 아닌데 참외가 그렇게 먹고 싶다던 철없던 아내가 가슴 저리게 보고 싶어서 목이 멘다. 울컥울컥 쏟아내는 사연에 덩달아 가슴이 찡해져서 나도 가슴을 쓸어내렸다. 이제 마지막 참외의 사연이다. "아빠, 저거 사줘, 잉." 하던 어린 딸의 칭얼거림이 귀에 아릿하게 맴돈다. 얼마큼 컸을까? 잘 있기는 한건지? 애비노릇 못한 지가 오래되었지만 그리움은 오래된 통증처럼 수그러들지 못한다.

참외 세 개의 사연을 짚어 내려가다가 건너다보니 어느새 그가 앉았던 앞자리가 텅 비었다. 짐 보퉁이도 없다. 어느 역에선가 참외가 담긴 짐 보퉁이를 끌고 내렸으리라. 그는 아마도 애틋한 기억을 가방 안에서 꺼내고 또 다시 집어 놓고 하면서 끝내 놓지 못할 거다. 먹지 못하고 바라다만 보다가 쪼그라져 가는 참외처럼.

목적지를 알리는 방송에 퍼뜩 정신을 차리고 내릴 차비를 했다. 참외의 노란 빛이 그의 가슴 속에 환한 불을 켤 수는 없을까. 그리움의 목적지를 만들 수는 없는 걸까. 다음 정류장인 희망을 향해 다시 일어서는 그를 지켜보고 싶은데….

멸치 예찬론을 읊으며

유영하는 멸치 떼의 은빛 비늘이 번뜩인다. 짭조름한 바다 내음이 출렁인다. 내가 멸치인가? 멸치가 나인가? 분간할 수 없는 지경이다. 나는 어부가 되어 집안 가득 펄떡이는 멸치를 잡아 올리고 있다. 아니 한 무리의 멸치가 되어 남해 거제 바다에서 바닷길을 타고 예까지 올라온 듯하다.

우리 집 식탁까지 달려온 먼 바다의 크고 작은 멸치 떼 덕분에 상나절 맥없이 놓아버린 입맛이 확 당기면서 살아났다. 작은 물고기가 깊고 깊은 바다의 감칠맛을 그대로 쏟아놓는다. 멸치를 한 움큼 집어 와르르 입 속으로 쏟아 넣어버리니 그대로 내 안에서 펄떡이는 듯하다.

지난 5월 거제도 여행 중에 멸치를 사고 싶었다. 그러나 아직 햇 멸치 철이 아니라고 해서 그대로 돌아왔는데, 철이 되면 사서 보내주겠다던 그곳 총각시인이 약속을 지킨 거다.

친구에게 나눠줬더니 친구 남편은 밥에 넣고 고추장을 얹어 비벼 먹는다고 했다. 하나씩 입으로 옮기기에는 구미 돋우는 그 맛에 감질이 난다는 거다. 한 지인은 커피를 마시면서 먹는 다고 했다. 나름 커피 맛과도 어울린다는 이야기다. 그대로 식탁에 늘 올려놓고 오며가며 간식처럼 먹는다는 이도 있다. 아직 그대로 바다를 품에 안고 있으니 물엿이나 참기름도 깨소금도 필요 없다. 생기 있는 감칠 맛에 다른 양념이 뭐 필요하겠는가. 또 아무하고나 잘 어울리는 친화력 탓에 호두나 잣과 함께 볶기도 하고 잔멸치를 야채와 섞어 주먹밥을 해먹기도 한다. 감자나 꽈리고추를 넣고 졸여도 별미다.

큰 멸치에 다시마를 곁들여 국물을 우려냈다. 냄비 안은 그대로 바다가 됐다. 엊그제까지 몸담았었던 바다를 금세 잊었을 리가 없다. 힘차게 유영하던 그 순간의 몸짓을 놓쳤을 리가 없다. 멸치들은 펄펄 뛰면서 솟구쳐 올라왔다. 촉촉하고 구수한 맛이 진하게 배어나온다. 그대로 천연조미료다. 나는 그 국물에 국수를 말아먹거나 수제비를 해서 먹는 걸 좋아한다. 두부 된장찌개도 잘 해 먹는 편이다.

영양가는 어떤가? 칼로리가 다른 어종이나 육류에 비해 월등히 높으며 특히, 뼈를 튼튼하게 하는 칼슘 및 인의 함량은 단연 첫째다. 여러 가지 건강에 좋은 성분이 풍부하게 들어있어서 영양적으로 균형이 잡힌 우수한 식품이라 해도 부족함이 없다.

요즘은 물살을 따라 이동 중인 멸치를 잡는 전통 어획 방식을 현대화시킨 낭장망 어업으로 멸치를 잡는다고 한다. 꿋꿋한 성미 탓에 물 밖으로 나오면 곧바로 죽어버리니, 갓 잡아 올린 멸치는 신선도를 유지하려고 배 위에서 곧바로 끓는 물에 넣어 삶는 과정을 거친다. 이물질이 전혀 들어갈 수 없고 소금도 전혀 안 들어간다고 한다.

멸치를 탐하는 것은 갈매기와 같은 바닷새, 상어, 가다랑어와 같은 육식 물고기, 고래, 돌고래, 오징어 등이 전부는 아니다. 더 무서운 것은 인간의 우악스러운 손길이다. 그러나 멸치는 작다고 위축되어 겁부터 먹지 않고 천적으로부터 몸을 지키기 위해 밀집 대형을 만들어, 무리의 구성원 모두가 함께 힘을 합쳐 같은 방향으로 헤엄치며 적의 공격에 대항한다. 나름 생존을 위한 지혜를 터득했으니 가볍게 보아 넘길 존재만은 아니다. 하지만 인간들의 이기심과 집요함은 그들에게 바닷길을 빼앗았다.

그래도 멸치는 끝까지 바다를 놓지 않고 있다. 몸통에 새긴 물결무늬도 짭조름한 바다 냄새도.

흔히들 마르고 볼품없는 이를 가리켜 '멸치'라고도 칭했다는데, 몸짓이 큰 생선과 견주어도 나름 맛도 좋거니와 앞서 열거한 것처럼 영양가도 만만치 않고 먹는 방법도 다양하다. 남쪽지방에서는 멸치젓이 없으면 김치를 담그지 못할 정도라고도 한다. 그뿐인가 먹어도 싫증이 나지 않으니 까다로운 인간들의 입맛을 훔치기에 부족함이 없다. 일찍이 살림살이가 어려웠던 시절 서민들의 입맛을 달래주던 중요한 밥반찬이요 술안주로도 가치가 인정되었으니 어찌 볼품없는 생선이라고 홀대할 수만 있겠는가. 식용 이외에도 몸 던져 가다랑어와 같은 육식어의 유인미끼가 되고 비료 등으로 이용되니, 먹이사슬의 말단에 위치하지만 그 존재가치도 과소평가할 수 없다. 머리에서부터 가시 하나까지 자신의 존재를 모두 다 바치는 작지만 마음 큰 물고기가 어디 그리 흔하겠는가.

은빛 멸치 떼를 집안으로 불러들였으니, 여름내 반찬 걱정은 던 것 같다. 아니, 그 숫자가 만만치 않으니 한 일 년은 그럭저럭 멸치들과 어울려 유유자적해도 될 듯싶다. 때론 벗들과 함께 멸치 예찬론을 읊으면서 멸치 맛에 푹 빠져보아야겠다.

끈

번지점프를 해 보신 적이 있나요. 몸에 밧줄을 묶고 높은 곳에서 뛰어내리는 스포츠입니다. 순간의 짜릿한 쾌감을 위해서 생명을 내놓는 위험한 도전이죠. 비록 끈으로 몸을 묶었지만 새처럼 가볍게 허공을 날 수 있는 순간의 매력에 나도 꼭 한 번 해보고 싶은 충동을 느낀 적이 있습니다. 그러나 끈이 끊어지면 어떻게 하지? 하는 두려움 때문에 고개를 저었더랬지요.

번지점프는 남태평양에 있는 섬나라 바누아투의 펜테코스트섬 주민들이 매년 봄 행하는 성인축제에서 유래하였답니다. 나무탑 위에 올라간 뒤 칡의 일종인 번지라는 열대덩굴로 엮어 만든 긴 줄을 다리에 묶고 뛰어내려 남성의 담력을 과시하는 의식이었습니다. 몸과 연결된 끈의 견고함을 믿을 수 없다면 결코 할 수 없는 행위입니다.

태어날 때 어머니와 열 달 동안이나 연결되었던 탯줄을 끊으면서 비로소 독립된 생명체로서 첫울음을 터트렸습니다. 그러나 보이는 끈을 끊었다고 부모와 자식 간의 보이지 않는 끈까지 끊어지는 것은 결코 아닙니다. 보이지는 않지만 결코 끊을 수 없는 사랑의 끈이 당기고 늦춰가면서 나를 이끌어 주었습니다. 나는 그 끈을 잡고 유약한 어린 시절로부터 성숙한 청년기로 성장했습니다.

그러나 어느 순간에는 나를 끌어주는 그 끈이 부담스러워서 벗어나고도 싶었습니다. 마음대로 행동하고 싶은 충동을 견제하는 끈이 되었기 때문이지요. 그러나 일찍이 아버지가 돌아가시고 어머니마저 돌아가셨을 때, 휘청거리는 나를 지탱하기 힘들었습니다. 사방을 둘러보아도 내가 잡을 끈이 없어보였기 때문입니다. 그 순간 내가 잡았던 그 끈이 절실하게 그리웠습니다.

우리는 세상 속에서 살아가면서 보이지 않는 수 없이 많은 가닥의 끈과 연결되어 있습니다. 끈끈한 핏줄로 이어진 가족관계. 학연, 지연, 등 수많은 사람과 사람 사이를 연결해주는 그물망 같은 끈이 존재합니다. 그 관계의 끈을 잡고 있다는 것만으로도 자랑스러울 때가 있습니다. 항상 앞서서 끌어주는 끈의 힘이 든든하게 나를 지켜주기도 합니다. 설혹 잡을 끈이 없어서 방황하며 살아가는 이들도 있겠지만, 찾으려 애쓰지 않아서이지, 세상 살아가는 데는 어떤 형태이든 끌어주는 끈이 존재하기 마련입니다.

그 여러 가닥의 끈 중에 만남을 이어주는 인연 줄 만큼 묘하게 질긴 것도 없다고 합니다. 끊어질듯 하다가도 다시 이어지고, 싹둑 잘라버리려고 해도 쉽게 자를 수 없이 질기기는 만찬가지입니다. 뿐인가요. 이런저런 이유로 몇 번이고 끊어진 끈을 다시 이어주니 수많은 매듭을 지닌 채 연이 이어지기도 합니다. 물론 모질게 핏줄도 인연의 줄도 끊고 돌아서는 매정한 이도 있습니다. 아직 젊은 나이에 질기다면 질긴, 세상과 연결된 생명줄을 스스로 끊어버리고 마는 이들이 많아서 우리를 안타깝게도 합니다.

그러나 끈이란 게 적절하게 도움을 주기도 하지만, 이리저리 얽힌 끈을 풀지 못해서 힘들어하기도 합니다. 아직도 나를 감싸고 있는 어머니의 지나친 보살핌의 끈이 평생 나를 유약하게 만들었습니다. 세상으로 향한 두려움과 용기 없음이, 빠져나올 수 없는 끈의 올가미가 되어 높고 넓은 세상으로 도약하지 못하게 했습니다.

더러는 인과간계에서 믿고 꼭 잡았던 끈이 쉽게 끊어지는 허술한 것이어서 큰 상처를 입기도 했습니다. 헤어져도 관계가 청산되지 않아 낫또가 된 콩처럼 끈끈한 줄을 끌고 다녀야 하는 것이 우리네 인간관계라는 어느 작가의 글도 생각납니다. 어느 날 잡지 말아야 할 끈을 잡고 놓아야 할 끈을 놓지 못해 낭패를 당하는 이들도 있습니다. 우리가 잡고 있는 끈도 당기고 늦추고 잘라내는 기술이 필요한 걸까요. 적절한 순간에는 싹뚝 잘라내는 결단도 세상을 살아가는 지혜라는 생각입니다.

가끔 나에게 묻습니다. 누군가에게 꼭 잡고 싶은 끈이 되어준 적이 있는지? 아직 내가 잡고 놓지 못해 연연하는 인연의 끈이 있는지? 분명 잡고는 있는데, 그 끈의 정체를 몰라서 갈피를 잡지 못하고 살아온 거는 아닌지? 그러나 끈이 질기든 허술하든, 끈을 잡은 이가 지혜롭든 우둔하든지, 시간이 가면 낡고 약해지는 것이 세상 끈의 속성입니다.

어차피 우리네 삶이 얽히고설킨 끈에서 자유로울 수 없다면 정말 든든하고 영원한, 하나님이 내려 주신 끈을 꼭 잡고 싶은 바람을 갖습니다. 가난한 자는 부한 자나 학식이 많거나 적거나를 가리지 않고 누구에게나 똑 같은 사랑의 끈을 내어주시는 분을 알고 있다는 것만으로도 큰 자랑이며 기쁨입니다. 그 끈을 잡고 세상 향한 두려움을 내려놓고 더 많은 도전을 해 볼 수 있는 용기를 가져 봅니다.

오늘도 줄기식물의 넝쿨처럼 푸른 손을 휘저어 봅니다. 더 높고 더 강하게 살아가기 위한 생명의 몸짓이 나와 세상을 이어주는 끈이 됩니다.

다만 사라질 뿐이야

나는 지난 20년 동안이나 쉬지 않고 일했다. 다용도실 좁은 공간을 평생 일터라라 여기고 명령만 내리면 즉시 몸을 움직였다.

처음 이곳에 왔을 땐, 주인도 젊고 나도 젊었다. 주인은 내가 최신형이라고 좋아했다. 소리가 잠잠해서 늦게 돌려도 이웃집에 피해를 주지 않는다고 칭찬도 많이 했다. 스마트한 내 몸매가 가보(家寶)나 되는 것처럼 닦고 또 닦으면서 아껴주었다.

주인집의 고만고만한 아이들은 장난이 심했다. 하루 종일 뛰어다니느라 땀국에 전 채 뛰어 들어와서는 옷을 훌떡 벗어 던졌다. 비 오는 날은 개천에 빠진 것처럼 진흙탕 물을 뒤집어쓰고 들어오기 일쑤였다. 쏟아져 나오는 일거리가 정말 만만치 않았다. 하지만 젊어서야 든든한 몸 돌려댄들 어떠했겠는가. 일거리가 있다는 것만으로도 신났으니까.

아이들은 훠훠 소리를 내면서 시간을 먹어댔다. 진한 햇살 냄새를 간직한 채 뱀 허물 벗듯이 작아진 옷들을 던져버렸다. 나도 어쩔 수 없이 독한 세제와 함께 시간을 먹어버렸다. 먹고 싶어도 먹고 식욕이 없어서 피해가도 먹어야 하는 것이 시간의 속성이기 때문이다. 나의 시간 속에는 사람들의 상처와 고통 슬픔이나 기쁨까지 뒤엉켜 돌아갔다. 그렇게 나는 늙어갔다. 주인도 늙었다. 후락한 주인의 셔츠를 빨아낼 때면 그 꼿꼿했던 풀기가 그리웠다. 자꾸 헐렁해지는 속곳에서 더 이상 묻어나지 않는 선홍빛 젊음이 애잔했다.

어느 날부터인가 옆구리가 결렸다. 녹슨 아랫도리는 자꾸 휘청거렸다. 움직일 때마다 삐걱거리는 소리가 났다. 그래도 나는 구시렁거리지도 못했다. 주인은 자신의 약해진 무릎을 위해서는 좋다는 건강보조식품을 사서 먹어대고 여기저기 이름 난 병원을 찾아다녔지만 내 신음 소리에는 귀도 기울이지 않았다. 아니 여전히 일거리를 주고 잠시도 쉴 틈을 주지 않았다. 통증은 수다스러웠지만 슬픔은 벙어리가 됐다

덜커덕! 나는 아픈 숨을 삼켰다. 가슴에서 뚝! 힘줄 끊어지는

소리가 났다. 견딜 수 있을 만큼 견뎠다. 할 수 있을 만큼 일했다. 다시 한 번 마지막 힘을 모아 몸을 돌려 보려했지만 기력 없는 몸뚱이가 꼼짝 않고 버틴다. 이제 마지막이구나. 참고 참았던 눈물을 터트렸다. 주인은 늙고 힘없어 주저앉은 노새를 다시 일으켜보려는 듯이 이리도 쳐보고 저리도 쳐보면서 난감한 표정을 짓는다. 그러다가 주먹으로 내 몸뚱이를 세게 내려치면서, 지금 고장나버리면 어떻게 하느냐고 짜증을 냈다. 그게 어디 내 마음대로 되는 건지, 그래도 그동안 함께한 세월이 얼마인가. 나는 주인이 위로해주기를 바랐다. 그러나 "새 걸 사려면 돈이 만만치 않을 텐데, 그러지 않아도 이달에 돈을 많이 썼는데." 하면서 툴툴거렸다. 생을 마칠 때까지 낡은 몸뚱이를 부려먹고는 수고했다는 말 한마디 없이 내몰아칠 궁리를 하고 있는 거다.

내가 독한 세제와 함께 가슴에 품고 빨아낸 건, 달려가는 시간이 흘린 땀이었다. 치열한 생존현장이 가져온 투쟁이었다. 아이가 던진 서툰 언어들이 내 안의 로또복권 돌림판에서 푸른 희망 상에 당첨된 걸 주인은 모른다. 헉헉거리며 세상 뛰어다닌 발자국들이 숨통을 메워도 세상 밖 청청한 하늘을 바라며 몸을 돌려댔다. 그리고 다시 안고 들어올 또 다른 세상을 꿈꿨다. 그동안 멈추어 쉬고 싶은 날들이 왜 없었겠는가. 그러나 이를 악물고 몸을 돌려댔던 건, 나의 임무에 소중한 의미를 두었기 때문이었다. 가족들의 하루를 내 몸처럼 사랑했기 때문이었다. 기억 저편으로 가라앉기보다는 스스로 사라지는 편이 낫다. 화려한 시절에 떠난 것이 중요하다는 걸 일찍이 깨달았지만 주인의 형편과 오래된 정 때문에 이를 악물고 버텨온 내가 후회스러웠다.

주인은 내가 너무 오래 되서 갈아줄 부품이 없을 거라고, 수리하기를 포기했다. 최신형 드럼 세탁기를 구입해야겠다고 친구와 전화로 이야기 하는 걸 들었다. 사람들은 인공관절이다, 장기이식이다 새로운 의료기술을 개발한다면서, 어떻게 나는 치료 한 번 받아보지 못하고 생을 포기하라는 건가. 에잇! 통증과 현기증으로 비틀거리는 몸뚱이에 갈아줄 부품 하나 없는 무정한 세상. 20년 근속으로 표창장 하나는 못줄 만정 말이다. 하긴 주인도 평생 가족들을 위해서 수고 했지만 늙고 힘없으면 나와 똑같은 처지가 될 것이 아닌가. 그 생각에 가슴이 먹먹해왔다. 정이 뭔지, 지금 내 처지에 주인의 앞길을 걱정하다니…. 한치 앞을 내다보지 못하는 주인은 퇴직금 한 푼 쥐어주지 않으면서 오히려 폐기물 수거비가 아깝다고 툴툴거렸다.

인정 없고 우악스러운 손이 나를 끌어냈다. 주인은 그제야 내게 잠시 눈길을 주었지만 이내 다시 고개를 돌렸다. 정들었던 존재에 대해서 미련을 갖지 않으려는 깊은 뜻일 거라 여기면서 중얼거렸다.

'나는 죽는 것이 아니야. 자연의 일부로서 자연의 법칙에 따라서 생성되고 소멸되는 모든 것처럼, 나의 임무를 다 하고 다만 사라질 뿐이야….'

3.
그대 발길 돌리는 곳

피어 있는 동안이 그리움이다. 볼 수 있을
만큼의 섬만 사랑하고 가자. 돌아갈 곳이
있다는 건 또 얼마나 다행스런 행복인가.

그대 발길 돌리는 곳

장승포에서 고래를 잡았지
한 손으로 낚아챈 고래가
스마트폰 속에서 헤엄치다가
바싹 말린 가자미로 날아다니네
새들의 비웃음 아무것도 아니야
바다 끝에서 하늘까지 날고 싶어

지심도 동백꽃이 붉다 해서
시구 끝에서 날아온 새들
'그대 발길 돌리는 곳' 팻말 앞에서
끼룩끼룩 울다가 날개 접더라
붉은 꽃잎 하나 떨어지더군

하얀 절벽 아래로
돌아가는 바다 끝으로.

- 졸시 「그대 돌아가는 곳」 -

거제도 여행 중 일행과 장승포에서 지심도를 가려고 배를 탔다. 뱃전에서 바다를 본다. 바다를 품으려고 바다를 버렸는데 바다가 따라온다. 어, 그런데 하늘이 없다. 바다에 잠긴 하늘도 하늘을 품은 바다도 온통 에메랄드빛이다. 배는 자욱한 빛 그림자를 헤치고 달렸다. 다가갈수록 지심도를 감싸고 있는 삽상한 바람이 우리를 반긴다. 뱃전에서 잠시 동안 바닷바람을 맞았는데, 내가 새가 된 듯하다. 헬륨 넣은 풍선처럼 가벼워져서 붕붕 떠다닐 것만 같다.

하늘에서 내려다보면 섬의 모양이 마음 심(心)자를 닮았다 해서 '지심도(地心島)'라고도 하고, '다만 마음을 다할 뿐'이라는 뜻의 '지심도(只心島)'라고도 한다. 지심도에는 동백꽃뿐이어도 좋은, 동백숲길이 기다리고 있다고 했다. 해풍 속의 일편단심 붉게 열린 꽃들 속으로 걸음걸음 내딛으면 산과 바다가 어우러지는 천혜의 풍광을 느낄 수 있다는, 거제도 총각 시인의 말에 우리 가슴이 먼저 지심도를 품었다.

선착장에서부터 초입 길은 지그재그의 비탈길이다. 내게는 힘든 가파른 언덕길을 위해서 거제도 시인이 짐 운반용 작은 스쿠터를 빌렸다. 나와 그리고 연세가 많으신 이 선생님까지 스쿠터에 올라 단숨에 전망대까지 올랐다. 올랐다는 표현은 사실 거북하다. 키 큰 동백꽃 터널을 한 걸음 한 걸음 딛고 온 것이 아니기 때문이다. 뚝뚝 떨어지는 동백꽃잎 비를 맞으면서 운치 있게 올라 온 것도 아니기 때문이다. 더러는 빠른 걸음이, 편한 걸음이 얼마나 답답한지를 깨닫는 순간이다.

전망대에서 바다를 내려다보았다. 내 생애 가장 높은 곳에서 내려다본 바다가 감격스러워 속이 울렁거린다. 푸른 바다내음을 들이켜고 멀미라도 일으켰나? 그러나 곧 한 손으로 낚아챈 바람이 한낮의 열기를 식혀주었다.

일행들은 동백꽃 숲으로 더 깊숙이 들어서기 위해 사라졌고 난 그 자리에 멈추어 있었다. 거제도 시인은 옷에 달라붙는 도깨비바늘을 떼어내면서, 붙으라는 여자는 안 붙고 도깨비바늘만 붙는다며 툴툴거린다. 섬을 훨훨 떠나서 뿌리 내리고 싶은 풀씨들이 섬을 떠나지 못하는 섬사람에게 붙어버렸으니…. 풀씨들에게도 슬픈 일이 아닐까.

지심도 산책로를 따라 다다른 새끝 해안 절벽에는 '그대 발길 돌리는 곳'이라고 적힌 팻말이 있다고 한다. 절벽에 부딪히는 파도를 바라보면서 더 갈 수 없는 아쉬운 발길을 달래주는 팻말인가?

파도와 해류 등의 침식으로 깎여 이룬 멋진 절벽에 취해서, 행여 돌아가는 마음을 잃을까봐 '발길 돌리라는' 지심도 친절한 팻말이 주는 의미는 무엇인가? 깨달음이 아닐까. 돌아서야 할 때를 알고 돌아서는 이의 뒷모습이 아름답다는 시구절처럼, 우리 인생길 얼마만큼 가다가 멈추어야 할 때가 있고 발길을 돌려야할 때가 있다는. 브레이크 고장 난 차처럼 종횡무진 앞으로만 달리는 분별없는 현대인의 질주에 제동을 걸어주려는 깊은 뜻은 아닐까 하는 생각도 해 보았다. 지나온 길을 돌아보면서 스스로 감사와 절제를 깨우치는 발길은 '돌아가라는' 의미를 헤아리고 순응할 듯싶다.

나는 일행을 따라서 그 팻말 앞에도 가보지 못하고 일찌감치 발길을 돌려야만 했다. 내가 가기에 불편한 길, 아니 불가능한 길 앞에는 보이지는 않지만 뚜렷하게 '그대 발길 돌리는 곳'이라는 팻말이 떡하니 버티고 서서 나의 약한 발걸음을 막았기 때문이다. 한 발자국 내딛으면 풍덩 바다로 빠지는 절벽도 아니면서 갈 수가 없단다. 세상 여행길, 곳곳에 서 있는 그 팻말 앞에서 나는 그저 허허로운 웃음으로 익숙한 섭섭함을 달래야만 했다.

바다를 향한 그네에 앉아 발을 굴러본다. 바다 그네는 나를 싣고 하늘 끝까지 솟구쳤다. 올려다봐도 아래를 내려다봐도 온통 바다다. 오르고 내리고를 반복하는 동안 나는 한철 피었다 지는 동백꽃잎이 된 듯 나풀거렸다. 피어 있는 동안이 그리움이다. 볼 수 있을 만큼의 섬만 사랑하고 가자. 돌아갈 곳이 있다는 건 또 얼마나 다행스런 행복인가.

그런 학교도 있다

남해 여행을 마치고 돌아오는 길이다. 일행은 푸르다 못해 진초록빛이 도는 남해 바다를 돌아 삼천포로 빠졌다. 오랫동안 머물고 싶은 바다를 아쉽게 두고 왔는데, 기어이 바다가 따라온다. 온몸에 흠뻑 고인 바닷물이 움직일 때마다 주체할 수 없이 출렁이는 것 같다. 아마도 나는 몇날 며칠 그 푸른 바다에 빠져서 행복할 것 같다.

우리는 남해고속도로 사천 나들목으로 나와 3번 국도를 타고 창선대교와 삼천포대교를 건너면서 남해군으로 들어섰다. 삼천포항과 창선도 사이에 있는 늑도, 초양도, 모개도는 한려수도의 징검다리다.

사람들은 섬을 저 홀로 내버려 두지 않는다. 바닷길이 불편하다 싶으면 다리를 놓는다. 다리 위로 짐 실은 차가 달리고, 사람 실은 차도 달린다. 섬사람들은 도시로 달려가고 도시가 섬으로 들어가기도 한다. 하나의 다리로 모자라는가 싶으면 또 하나의 다리를 놓는다. 섬은 다리를 거느리고 외롭지 않으리라. 그러나 여과되지 않은 많은 것들을 받아들여야 하고 또 많은 것들을 잃어버리기도 한다. 우리가 가는 늑도는 남해의 섬과 섬 사이에 놓인 섬이다. 그러나 이제는 섬이 아니다. 육지와 이어져 육지가 됐다.

우리는 삼천포 대교를 건너 어느 골목길로 들어섰다. 바다가 운동장인 학교를 보여주겠다는 S선생의 말을 따라서다. 바다가 운동장인 곳? 바다가 아이들과 친구 되어 함께 노는 곳이라니 궁금하지 않나.

아이들이 하나 둘 함께 걸으면 어깨가 부딪힐 것 같은 좁다란 골목길이다. 일행은 등굣길 아이들처럼 어깨를 부딪치며 걸어갔다. 양쪽을 둘러본다. 인적 드문 학교 길엔 흔한 문방구도 없다. 게임기도 떡볶이 가게도 없다. 한쪽엔 담장 낮은 집들이 엎드려 있고, 한쪽 언덕엔 잡풀이 무성하다. 일행 중 누군가가 가는 길 점심으로 먹은 추어탕에 향신채로 넣었던 방아풀을 일러준다.

가지가 넓은 달걀 모양의 잎과 연한 자주빛을 띠는 하얀 꽃이 안개처럼 피어 우리를 반긴다.

늑도초등학교 정문 앞에 멈췄다. 숨을 고른다. 문을 몇 번을 흔들어 보았지만 쇠창살문은 굳게 닫혀 있다. 아쉬움에 고개를 돌리니 운동장 바로 앞에 바다가 우리를 반긴다. 그 바다와 함께 서서 담장 너머를 끼웃거려 본다. 아무리 둘러보아도 학교엔 아이들 그림자가 없다. 소리도 시간도 그대로 멈춰버린 듯한 공간.

"엄마가 섬 그늘에 굴 따러 가면…."

아, 어디선가 노랫소리가 들려온다. 반가운 마음에 귀를 기울여본다. 처음에는 멀리서 나지막한 소리로, 그러나 점점 소리가 커진다.

햇빛에 눈이 부신 분이가 실눈을 뜨고 노래를 부르고 있다.

"와! 와"

갑자기 한꺼번에 달려오는 아이들 소리. 뻥~ 바다를 향해 공을 차는 민수, 철봉에 거꾸로 매달려 바다를 부르는 철민이.

딸랑딸랑 종소리가 난다. 수업이 끝나는 종소리인가? 아니면 바다가 부르는 소리인가? 기다렸다는 듯이 바다를 향해 뛰어가는 아이들. 나무들이, 햇빛이, 바람이, 구름이, 나무가 친구 되어 손잡고 바다 운동장에서 노래를 부른다. 공부는 책으로만 하는 게 아니라고 소리친다. 그냥 맨몸으로 짠물에 몸 담그고, 물고기 되어 펄떡이면서, 하늘 향해 크게 기지개켜고 그렇게 크는 거라고…. 바닷바람에 그을린 아이들의 웃음이 햇살처럼 쨍하다.

퍼뜩 정신을 차린다. 저만치 돌아서 가는 일행들을 따라 부지런히 발걸음을 옮겼다. 폐교된 학교 골목길엔 여전히 아이들이 없다. 아이들이 보고 싶어서 바람이, 빈 교실 창을 두들긴다. 바다만 허공에 손을 휘젓고 있다.

낮은 담장 뛰어넘은
구름 배가
뭉게뭉게 떠다니고
아이가 찬 공이
뻥! 바다로 빠져버리는
그런 학교도 있다

아이와 바다가
어깨 기댄 골목길
도시락에 고인 짠 물엔
물고기가 펄떡거리고

운동회 날이면
청팀 이겨라
바다가
푸른 몸 들썩이는
그런 학교도 있다

녹슨 철문 사이로
등 굽은 햇살이 졸고
그림자 없는 운동장엔
우! 우! 우!
바다 혼자서
노래 부르는
그런 학교도 있다.

- 졸시 「그런 학교도 있다」 -

마음으로 신은 가죽신발

처음으로 만난 제주도다. 지난해 초에 문우들과 제주도 여행을 계획할 때, 바람(希望)만으로도 가슴 속이 물너울로 넘실거렸었다.

드디어 여행이 시작됐다. 나는 푸른 제주를 꿈꾸며 다시 설렜다. 제주 특유의 현무암 돌담이나 밀감 밭을 지나칠 때면 탄성이 튀어나왔다. 그 흔한 풍경도 내겐 낯선 신선함이었기 때문이다. 그러나 제주도에는 유채꽃과 돌담과 에메랄드빛 바다만 있는 것이 아니다. 다랑쉬 오름, 용눈이 오름, 동거믄 오름, 한라산을 쏙 빼닮았다는 손지 오름… 등, 화산의 분화를 신비롭게 간직한 오름이 많이 있다고 했다.

여행 두 번째 날, 우리 일행은 다랑쉬 오름으로 향했다. 이곳 오름의 이름이 '다랑쉬'인 것은 산봉우리의 분화구가 달처럼 둥글게 보인다는 것과 '높은 산봉우리'라는 의미를 지닌 고구려 계통의 단어 '달수리'에서 변화되어 '다랑쉬'로 되었다는 설이 있다. 거신(巨神) '설문대할망'이 치마로 흙을 나르면서 한줌씩 집어 놓으며 간 것이 수많은 오름으로 자리 잡게 된 것인데, 여기에 흙 한줌을 집어놓고 보니 너무 도드라져 있어 주먹으로 친 것이 패였다고 한다.

일행이 앞서 오름을 향한다. 울타리 끈이 보인다. 언덕을 오르는 이들의 휘청거리는 발걸음을 지켜주는, 받침목 사이사이를 연결해주는 끈. 그 끈을 잡고 일행은 내 시야에서 사라졌다. 두런거리는 말소리도 사라졌다. 다리가 불편해서 가파른 길을 오를 수 없는 나는 여행 안내소에 걸린 사진을 둘러보며 책자 하나를 펴들고 그분들이 숨 가쁘게 오르내리는 동안을 기다려야 한다.

그러나 이제부터 내가 오를 차례다. 볼 수 없는 언덕 그 너머를 향한 도전이 나를 일으켜 세운다. 바람의 발길이 먼저 오른다. 마음이 뒤를 따른다. 억새가 발길에 휘감긴다. 억새 뿌리에 기생하는 신비로운 보랏빛 야고꽃이 길을 밝혀주는 듯하다. 축

축한 풀잎 위에 달팽이가 누워있다. 그래, 천천히 가면 어떠리. 빠른 걸음을 부러워하지도 않고 넓은 행동반경을 탐하지도 않지만 스스로 순간의 만족감에 젖어 있는 달팽이의 모습이 편안해 보인다.

나의 여행은 주로 차를 타고 이동할 수 있는 곳만 가능하다. 많이 걸어야 하거나 험한 길은 일행들을 따를 수가 없다. 나도 힘들지만 부담을 줄 수 있기 때문이다. 인도의 산티데바 성자는 '세상은 너무 상처받기 쉬운 곳이다 그래도 우리가 세상을 걸어가야 한다. 그럼 상처 받지 않기 위해서 어찌 해야 하나. 세상에 가죽을 댈 것인가? 내 발에 가죽을 댈 것인가? 세상에 가죽을 깐다는 것은 어리석고 불가능한 일이다. 결국 자신의 발에 가죽신발을 대야한다.'고 했다. 가고 싶은 곳을 체념해야 하고 볼 수 있는 풍경을 포기해야 하는 아쉬움을 달래려고 내 마음에 두터운 가죽신을 신겨보는 거다. 그리고 달팽이처럼 스스로 만족하는 법을 터득해야한다.

능선 탐방로는 숲을 품고 있다. 삼나무 숲이 우거진 나무 계단을 오르고 키 작은 소나무가 자라는 능선 길을 오른다. 쑥부쟁이가 낮게 피어있다. 크고 작은 것과 대단한 것과 대단치 않은 것들이 신비로운 조화를 이루고 있다. 오를수록 억새들이 청청한 하늘을 안고 세차게 출렁인다. 바다도 오름을 올랐나보다. 억새 무리는 언덕 위를 감싸는 은빛 바다다. 이념으로 인한 양갈래 틈에서 연유도 모른 채 죽어간 제주 양민들의 눈물과 한이 배어있는 오름이건만 어찌 이리도 찬란하기만 한 것인지. 이곳은 보기 위한 단순한 경치가 아니라 역사와 영혼이 깃든 곳이라는 생각이 든다. 한없이 아프되 한없이 너그러운 아름다움이다.

드디어 정상이다. 가슴이 탁 트인다. 사방을 둘러본다. 남서쪽 한라산 방면으로는 산자락을 타고 흘러내리다 솟아오르는 오름들이 한눈에 들어온다. 서쪽 능선에서 바라다보니, 동쪽 능선 너머로 성산 일출봉과 우도 풍경이 다가선다. 남서쪽으로는 용눈이 오름이 솟아있다. 둘레가 1,500m 깊이가 백록담과 같은 115m나 된다고 한다. 두려움이 일 정도로 엄청난 분화구를 보면서도 야릇한 아늑함은 웬일일까? 태곳적 생명을 품은 어머니의 자궁이 느껴지기 때문이리라. 순간, 어둠 속에서 태동하는 생명의 북소리가 들려온다. 가슴이 뛴다. 난 가슴을 쓸어내리며 안개가 피어오르는 분화구를 천천히 몇 바퀴 돌아보았다. 그리고 바다를 닮은 하늘을 올려다보았다. 아, 하늘엔 울타리가 없다. 막힘도 걸림도 없다. 높낮이가 다른 턱도 없다.

푸른 입김을 내뿜으며 하늘가로 걸어간다. 하늘에 걸린 내 발자국들이 또 하나의 오름을 향해 더욱 멋진 여행을 할 수 있기를 바라본다. 내 발길이 숲 속 나무를 흔들지 않았더라도, 보이지 않는 것을 보고 들리지 않는 것을 들으며 나를 다스리는 지혜를 채워가는 '다랑쉬 오름'으로의 상상 오름만으로도 많이 행복했다. 감동과 떨림이 울타리 끈이 되어 나를 이끌어주었기에 아쉬움으로 휘청거리지 않았던 싶다.

저만치 상기된 일행의 하산 발자국 소리가 들려온다. 그분들도 가슴에 달처럼 둥근 '다랑쉬 오름'을 품었으리라.

빗속의 섬

지난 오월 거제도 여행은 비와 함께 시작되었고 비를 보내면서 마무리 되었다. 누군들 여행을 하면서 화창한 날씨를 기대하지 않겠는가. 그러나 빗속의 여행은 기대하는 것보다 순간을 그대로 받아들이는 법을 배운 여행이었다.

비 내리는 날 · 1

여행 중 내내 비가 올 거라는 일기 예보는 있었지만, 그래도 한 가닥 기대를 했다. '일기예보는 가끔 맞지 않을 때도 있잖아. 사흘 중 하루는 그래도 날이 개일 수도 있잖아.' 그렇게 마음을 다독이면서 차에 올랐는데, 가는 중 비가 오락가락 했지만 거제도 버스터미널에 도착했을 때는 비가 억수 같이 쏟아지고 있다. 일행은 여행용 가방과 몸이 젖을세라 서둘러 마중 나온 차 속으로 밀어 넣었다.

차창 밖으로 안개 속에 묻힌 바다가 흐릿한 미소로 반기는가 싶은데…. 지난해 시월 바로 그 바다를 못 잊어 달려온 깊은 속내를 헤아려서인가. 그때까지만 해도 그래도 '내일은 괜찮을 거야'라는 기대로 젖은 시야를 달랬다. 내일은 선명한 물빛으로 반길 거제도 바다와의 눈부신 해후를 꿈꾸면서.

그날 밤 곤하게 잠이 들었다가 얼핏 잠에서 깨어나면 줄기차게 쏟아지는 빗소리가 귀를 적셨다. 그래 밤새도록 내려라. 내일 올 비까지 다 내려라. 그리고 아침에는 반짝 개일 하늘을 기대하면서 다시 잠을 청했다.

비 내리는 날 · 2

아침의 희뿌연 밝음이 창을 두드렸다. 숙소 주변 숲에는 는개가 자욱하게 내린다. 나무들은 젖은 몸을 태우는지 매캐한 연기를 피워 올렸다. 저 멀리 바다는 안개 속에 푹 파묻혀 모습을 드러내지 않았다. 나는 '비는 아침나절을 적실뿐이야. 한낮의 밝음을 위한 전주곡이라고나 할까' 하면서 스스로를 달랬다. 햇살 쏟아지는 하루를 또 기대한 것이다.

일행을 태운 차는 빗줄기를 거느리고 숲가를 달려갔다. 숲도 젖어 있고 길도 젖어 있다. 길가에 잎이 꽃처럼 붉은 홍가시나무도 빗방울을 이고 늘어서 있다. 길은 한쪽 어깨에 바다를 얹고 달리기 시작했다. 비릿한 내음이 다가섰다. 바다와 맞닿은 방파제까지 갔다. 우산을 쓰고 바다를 보았다. 비를 맞고 있는 바다를.

어부인가? 한 남자가 바다를 보며 담배를 피우고 있다. 출항하지 못한 답답함이 뽀얀 담배 연기 속에 짙게 배어들어 바닷가를 낮게 맴돌다 섬 사이로 흩어졌다. 작고 큰 섬들은 여전히 안개 속에서 영 깨어나지 않았다. 그런데 분명한 건 안개 속에도 실체는 살아 숨 쉬고 있다. 사근사근 찰락찰락 쏴아~모오리 돌 사이를 드나드는 바다의 몸놀림이 선연했다. 그건 크롬처럼 눈부신 빛과 부딪히는 쨍한 소리가 아니다. 낮게 그러나 멈춤 없는 자신감으로 다가서는 바다의 발소리가 그대로 음악이다. 늘 젖어 있으면서도 더욱 흥건히 젖어 있는, 비 내리는 날의 바다는 악기를 연주하는 최고의 뮤지션이다.

한 쪽 하늘가가 밝아 오는가 싶었다. 오후에는 비가 그치려나? 멈출 만도 한 기대를 다시 끌어와 본다. 그러나 여전히 비는 줄기차게 내렸다.

저만치 바람의 언덕이다. 멀리서 본 풍차는 비를 맞고 있다. 지난해 거제도 방문 때도 언덕 위에 풍차를 보았다. 자연 바람과는 아무런 상관도 없는 전기로 돌아가는 '전차'가 거대한 몸집으로 버티고 서 있었다. 그리고 밤에는 유흥업소의 간판처럼 날개에 불을 밝히며 미친 듯이 돌아간다고 했다. 오늘은 빗줄기가 풍차를 돌리고 있는 듯했다. 풍차는 젖은 몸으로 바다를 보면서 상념에 잠겨 있다. 누군가의 눈길을 의식하고 돌아가는 풍차가 되기보다는, 바라다볼 수 있는 바다와 섬들이 존재하는 언덕에 서 있다는 건 얼마나 큰 축복인지 모르겠다고 하면서. 그 작은 생각의 차이를 준 건 빗줄기 때문이 아닐까.

잠시 비가 그쳤다. 우리는 서둘러 한산섬으로 가는 배를 탔다. 우리를 태운 차를 몸속으로 끌어들인 배가, 거북해 하지도 않고 물길을 헤치고 있을 때부터 하늘은 뿌연 눈을 닦기 시작했다.

섬이 운다
동백꽃도 운다

이순신 장군은
달 밝은 밤에 시를 읊고
나는 비에 젖은 한산섬에 앉아
꽃잎 몸 잠근 붉은 바다 안고
섬처럼 운다
동백꽃처럼 운다

섬이 깨어난다
부스스한 눈빛
하얗게 날아다닌다
그리움은 섬만큼 멀리 있다가
새처럼 날아와
푸른 깃털로 바다를 밟는다
나 혼자
한산섬 젖은 바다를 밟는다.

- 졸시 「한산섬 가는 배」 -

선착장에서 제승당까지 가는 길엔 동백꽃이 지천으로 피어 있다가 붉은 울음으로 바다에 몸을 던진다. 이순신 장군이 시를 읊은 달 밝은 밤은 아니지만, 꽃잎들이 몸 잠근 바닷가에서 나 또한 서툰 시를 읊어 보았다.

한산섬은 작은 섬을 많이 거느린 섬이다. 멀리 섬들이 흐릿하게 실체를 드러내기 시작했다. 꿈에서 깨어난 듯 부스스한 눈빛으로 우리를 바라다본다. 그래 가끔은 그렇게 몽롱한 꿈을 꾸는 거야. 그리고 안개가 걷히면 더욱 뚜렷한 그리움으로 다가서는 실체와의 만남을 갈망하기도 하고.

비 내리는 날 · 3

차는 비 내리는 거가대교를 달렸다. 세계에서 가장 깊다는 해저터널을 지나가면서, 바닷길을 뚫었으니 물고기들이 길을 잃지 않을까 염려도 했다. 물고기처럼 바다 속 깊은 길을 건너갔다 돌아왔으니 반은 물고기가 된 게 아닌가? 어깨를 으쓱여 보기도 했다.

이어 거제도 왕조산의 쌍근 옛길, 초록빛 안개가 감싼 속살을 헤치고 숲의 심장까지 빨려 들어가는 듯한 설레는 경험을 했다. 다가갈수록 젖은 나무들이 뿜어내는 숨소리가 신비로웠다. 마주 오는 차가 비켜갈 수도 없는 좁고 가파른 길을 빗줄기와 동행했으니 그대로 숲의 강으로 미끄러져 들지 않을까 마음 졸이기도 했다. 그러나 머물고 싶은 순간은 짧다. 우리는 아쉬움 속에 숲을 벗어나서 계속 섬 속의 작은 섬들을 만나러 빗속을 달렸다.

계속되는 여행길에 비는 멈추지 않고 내렸다. 하늘은 짙은 회색빛에서 흐린 회색빛 사이를 오락가락 했지만 더 푸른빛으로 다가서지는 않았다. 나는 비가 그치기를 기대하지 않기로 했다. 바다도 섬들도 드러내고 싶지 않은 속사정이 있기 때문이다. 때로는 많은 생각 속에 실체를 삼키고 침묵하고 싶기도 하기 때문이다. 더구나 오월에 내리는 비는 녹우(綠雨) 아닌가. 봄으로 깨어나서 더 짙은 계절로 가기 위한 축복의 비다. 상서롭고 푸른 기운이 내 몸 구석구석 배어드는 듯했다. 그러고 보니 비는 나와 숲과 그리고 섬과 바다를 연결해 준 매개체였다. 각각 낯선 존재가 아니라 하나의 빛으로 담기 위한 하늘이 그린 그림이었다.

우리 삶이라는 여행길에도 어찌 화창한 날만을 기대하겠는가. 궂은 날, 바람 부는 날의 연속일지언정 있는 그대로를 받아들여 또 다른 의미를 부여할 수 있는 여유로움을 지닐 수 있다면…. 나 또한 비와 함께 한 시간들 속에, 뚜렷하지 않은 실체들과의 또 다른 만남을 만들 수 있었던 멋진 여행이었다. 아직 우리 살아 있음에 비 개인, 더욱 화창한 다음 여행을 기대할 수 있으니까.

오래된 기억의 골목길

늘 새로운 시간을 만나면서도 가끔 오래된 기억의 골목길을 헤매는, 그런 꿈을 꾸곤 했다.

대천으로의 가을여행이다. 우리 일행은 어제를 가슴 속에 품고 여전히 오늘 속으로 흐르는 보령호를 끼고 달렸다. 나무들이 물속에 잠겨있다. 늘 젖어 있으면서도 눕는 법 없이 가지 끝은 꼿꼿이 하늘을 향하고 있다. 나무로서의 자존심인가. 하지만 잠긴 것이 어디 나무뿐이겠는가. 10개의 리(里)가 물속에 잠기면서 마을도 이곳에 살던 이들의 정한(情恨)도 잠겼다.

쨍한 햇살 아래 젖은 시간도 잠시 몸을 말리는 호수의 정취에 푹 잠긴 순간, 모든 것이 멈추었으면 하는 생각을 했다. 그러나 시간이 멈출 수 없는 것처럼 우리는 아쉬움을 되뇌며 다음 목적지를 향해 또 달려야했다.

그런데 꿈을 꾸고 있는 건가. 누군가가 오래된 시간을 불러온 건가. 우리는 흑백영화의 한 장면 같은 낯익은 거리로 들어서고 있다.

뽀얀 흙먼지를 날리며 드문드문 다니는 버스에서 내리면 넓지 않은 길을 건너 마을 입구에서부터 좁다란 골목길로 이어진다. 우린 그 길을 사방을 두리번거리면서 걸어 들어갔다.

일본식 2층집 앞에 섰다. 한때는 동네에서 제일 번듯한 건물이었으련만, 지붕도 벽도 모두 낡았다. 집을 지키는 할머니의 시간도 낡았다. 드나드는 이가 없어서인지 희뿌연 먼지가 두텁게 자리 잡고 있고 문설주 위에는 '주산학원 출입구'란 글씨가 새겨져 있다. 주판을 써서 계산을 해 본 지가 언제인가? 빠르게 움직이던 손과 주판알이 떠오른다.

그리고 2층 사진관은 조카 똘똘이의 돌 사진이 걸려있던 우리 동네 사진관과 닮았다. 그 앞을 지날 때마다 조카의 사진을 다시 한 번 들여다보곤 했는데. 숨죽이고 딛어도 삐걱삐걱 소리 나는 목조계단을 올라가서, 풍경이 그려져 있던 벽 앞에서 추석

날 작은 언니와 사진을 찍은 생각이 난다. 새 옷을 입고 사진을 찍어달라고 떼를 썼던 여섯 살 배기 꼬마와 초등학교 다니던 언니를 그 사진관에서 만날 수 있었다. 건물은 가을걷이 끝난 밭처럼 텅 비었는데 작은 아이들의 해맑은 미소는 여전하다.

길을 따라 가다보니 이발소가 있다. 반가운 마음에 선뜻 들어섰다. 언니들을 따라가서 머리를 잘랐던 기억이 다가선다. 머리를 자르는 일은 어린 내겐 언제나 두려움이었다. 이발사는 몸을 움츠린 나를 번쩍 안아 의자 위에 빨래판을 걸쳐놓고 앉힌 다음 눈을 감으라고 했다. 앞머리를 똑바로 자르고 뒷머리를 단발로 자른 다음 하얀 가루분을 솔에 묻혀서 목 뒤며 귀 옆에 발라주었다. 모두 똑같은 머리 모양이다. 우스꽝스러운 모양새로 앉아 있는 나를 기억해내며 빙긋이 웃었다. 마을의 사랑방이었던 이곳이 오늘은 무료한 이발사와 기억만 서성인다.

골목길 한쪽 가엔 삼화정미소가 보인다. 기계는 돌아가지 않고 먼지 앉은 시간만 쉬고 있다. 오래된 외상 장부엔 여전히 받을 돈이 남아있는데 돈 받을 사람도 돈 갚을 사람도 보이지 않는다. 갑자기 정미소의 낡은 발동기가 쩔컥거리며 돌아가는 소리가 환청처럼 귓가를 맴돈다. 시끌시끌한 소리에 눈을 크게 떠본다. 달구지에 곡식을 빻으려고 줄을 서 있던 많은 이들 가운데 젊은 아버지가 보인다. 고만 고만한 아이들 틈에 작은오빠와 내가 이리 뛰고 저리 뛰며 아버지 곁을 맴돌고 있다.

동일주조장 앞도 지났다. 1말들이 술통과 즐비한 배달 자전거들의 그림자가 얼핏 스치고 녹슨 쇠창살 틈새로 시큼한 술냄새도 풀풀 나는 듯하다. 허기진 속에 술찌끼를 얻어먹고 알딸딸하게 취했다던 아득한 시간 속 순이와 영식이도 알은체를 한다.

낡은 슬래브 지붕, 미닫이창에 엉성한 닭 그림이 문 닫은 백숙 가게를 지키고 있다. 망치소리 요란하던 철공소 앞도 지났다. '잡곡일체'라고 간판을 내건 쌀가게 앞에 봉지쌀 심부름 하던 영이가 서 있는 듯하다. 무심코 그 앞을 지나가다 엄마 대신 쌀가게 주인한테 외상값 재촉을 받고 얼굴이 빨개졌던 영이가 손을 잡아끈다. 뒷길로 돌아가자는 영이의 이야기를 그때는 이해 못했다.

도시로 떠난 가족들, 마을이 비어간다. 한 집에 한 사람만 사는 집이 많고 그 사람마저 떠나면 빈집이 된다. 충남 서천군 판교면 현암리, 오래된 기억의 골목으로의 짧지만 긴 시간 여행이 저물어 갔다. 기억은 멈춰진 시간의 태엽을 감는다. 나는 뚜벅뚜벅 그 길을 더듬으며 또 다른 나를 만날 수 있었다. 기억은 제풀에 신이 나서 깜빡깜빡 졸고 있는 빈 집을 두드리고 좁다란 골목길을 어깨를 들썩이며 활보했다. 빛바랜 간판 글씨들이 덩달아 수런거렸다.

오늘이 감당하기 어려운 것일지라도 그 시간을 건너가려면 기억의 힘이 디딤돌이 돼 주기도 한다. 어제의 내 모습을 통해 오늘의 상처를 어루만지고 슬픔을 치유할 수 있기 때문이다.

그 길은 내가 가본 길이었다. 그리고 다시 가보고 싶은 길이었다. 그 길을 나서니 저녁 해가 붉은 여운을 남기고 바다에 몸을 던지고 있었다.

가상과 현실 사이

아는 이가 농장을 샀다고 자랑했다. 닭도 키우고 나무도 심고 통나무집도 지었다고 했다. 부러웠다. 내가 평소에 꿈꾸는 것들을 소유할 수 있는 그는 얼마나 행복할까.

그는 사슴도 사서 방목하고 농장을 하나 더 늘렸다고, 얼굴까지 상기된 채로 자랑을 이어갔다. 난 얼마 후엔 녹용도 잘라서 팔 수 있으니 수입도 괜찮겠네 했다. 평소 그의 경제 상태를 모르지 않는데, 로또복권이라도 탔나? 궁금해 하는 나에게 그는 스마트 폰을 꺼내 보여주었다. 찍은 사진이라도 보여주려나 하고 다가섰던 나에게 그가 내민 것은 스마트 폰 속 가상의 농장이다.

"닭들을 더 살 계획이고요, 소는 새끼를 나서 팔 거예요. 나무도 더 사서 심을 거고요. 아, 먹이를 줄 시간이네요."

결코 어리지 않은 나이인데, 가상의 농장에 푹 빠져든 그는 신이 났다. 언젠가 컴퓨터에 빠져서 아기를 돌보지 않아 죽였다는 아이 엄마가 생각났다. 아이 엄마는 가상의 세계에서도 아기를 키웠다고 한다. 현실의 아기와 가상의 아기를 구분하지 못했을까.

오래전이다. 조카가 그 당시 유행하던 다마고치라고 하는 것을 잃어버리고 두고 갔다. 달걀 모양의 키홀더 안에 액정화면이 있어서 알에서 부화된 새끼를 먹이를 주면서 키우는 것이다. 조카는 전화로 죽이지 말고 잘 길러달라고 몇 번을 당부했다. 난 조카의 부탁을 지키려고 다마고치를 외출 시에도 가방에 넣고 다니면서 밥도 주고 똥도 치우고 했다. 이게 무슨 짓인가 하면서도 흡사 맡겨놓은 아기 키우듯이 정성을 쏟았다. 다마고치는 나이에 따라 자는 시간도 다르고 잠잘 때 불도 꺼주어야 한다. 그런데 어느 날 깜빡 밥 주는 시간을 놓쳐서인가, 곧잘 움직이던 화면 속 새끼가 죽어버렸다. 영정처럼 검은 리본을 두르고 있는 모습에 알 수 없는 허탈감이 밀려왔다. 내가 돌보고 키우던 대상을 잃어버렸다는 사실이 마음을 어둡게 했다. 나는 한참이나 그로 인해 우울했다.

아이들은 가상의 물체를 키우면서 현실과 동일시한 채 그에 몰입한다고 한다. 책임감이나 인내심을 키울 수 있는 이점도 있으나 생명의 경시나 지나친 관심으로 현실의 생활을 소홀히 하는 경우도 있다고 한다. 예를 들어 자주 먹이를 챙겨 주지 않으면 죽어버리기 때문에, 아이들이 학교에 다마고치를 들고 가서 수업에 집중하지 않는 것이 문제가 되었다는 것이다. 프랑스에서는 한 여성 운전자가 운전 중 다마고치에게 먹이를 주다가 앞에 달리던 자전거 선수들을 미처 보지 못해 치어 숨지게 한 혐의로 구속되기도 했단다. 나도 다마고치의 죽음으로 인해 현실과 다르지 않은 자책과 상실의 아픔을 오랫동안 간직해야했다.

농장의 소유자는 가상의 농장에 무척 만족했다. 그의 가벼운 손끝에서 닭이 알을 낳고 송아지가 태어난다. 농작물을 팔고 다른 물건을 구입할 수 있다고 했다. 그의 농장은 점점 더 풍성해졌다. 현실 속에서는 결코 가질 수 없는 것들이다. 그는 현실의 적막을, 가난함을 잠시의 풍요로움으로 바꾸며 행복해했다. 몇 번이고 나에게도 무척 재미있으니 가상의 농장을 가져보라고 적극 권했다.

가상현실은 사용자를 현실을 그대로 모방해서 재현한 컴퓨터가 만들어낸 환경에 몰입시킬 수 있다. 사용자는 현실과 가상 사이를 오가지만 어느 순간 가상의 세계에 더 깊이 빠져 들 수도 있다. 그런 후 현실로의 복귀에 두려움이나 더 큰 허탈감을 느끼게 되지는 않을까 염려된다.

촉감을 통해서, 후각을 통해서, 그래서 전해지는 현실에서의 만족감과 손끝으로 조작하여 눈과 귀로 느끼는 가상의 현실이 주는 만족의 농도는 어떻게 다를까? 사이버 머니로 사고 팔 수 있는 호화스러운 집이나 애니메이션 속 동물들의 움직임이 얼마큼 그의 삶을 얼마큼 풍요롭게 할 수 있는 건가.

현실 속 나의 작은 집, 햇살 가득한 거실에서 쫑이를 무릎에 안고 쓰다듬어주었다. 토실토실한 몸이 참 따뜻하다. 재스민 차를 마신다. 은은한 향기가 입안을 감돈다. 어느새 선선한 바람이 창가 풍경을 흔든다. 아, 좋다.

거꾸로 가는 시계

'시간이 흐를수록 점점 젊어진다면?'

가끔 그런 꿈을 꾼다. 그건 시계가 거꾸로 가야만 가능한 일이다. 정말 그럴 수 있을까? 그럴 수만 있다면 시계를 내 인생의 푸른 시간에 정지 시켜놓고 싶다. 그런데 영화 속 벤자민 버튼의 시간은 결코 정지라는 걸 모른다. 뒤로도 계속 움직여야만 한단다.

'벤자민 버튼의 시간은 거꾸로 간다.'

그는 기이한 모습으로 태어났다. 제1차 세계 대전 말의 뉴올리언즈. 쪼글쪼글한 피부에 왜소한 골격, 80세의 외모를 가진 아기가 태어났다. 그 이름 벤자민 버튼(브래드 피트 분). 그러나 사랑하는 아내가 벤자민을 낳다 세상을 떠난 것에 대한 분노와 아이의 너무나 평범하지 않은 외모에 경악한 아버지는 그를 '놀란 하우스'라는 양로원 계단 앞에 버린다.

"넌 다른 게 아냐, 특별할 뿐이야."

놀란 하우스에서 일하는 흑인, 퀴니는 벤자민을 자신의 아이로 키운다. 그곳의 할아버지, 할머니들은 그의 친구가 된다. 그런데 신기하게도 벤자민은 해가 갈수록 젊어진다.

이제 12살이 되어 60대 외형을 가지게 된 벤자민은 어느 날, 할머니를 찾아온 6살의 어린 데이지를 만난다. 그날 이후 데이지의 푸른 눈동자를 영원히 잊을 수 없게 된다.

벤자민은 배를 타고 항해하며 세상을 경험하고 낯선 여인들과 사랑도 한다. 마침내 벤자민과 운명의 여인, 데이지는 끝없이 만나고 헤어지는 과정 끝에 서로 함께하는 '스윗 스팟(Sweet Spot)'의 시기를 맞는다. 서로의 나이가 엇비슷해진 짧은 그 순간을 놓칠 수 없었던 둘은 불같은 사랑을 나눈다.

그러나 그들의 불행은 벤자민은 날마다 젊어지고 데이지는 점점 늙어가고 있는 거다. 둘 사이에서 딸을 낳았지만 아빠노릇을 할 수 없다고 판단한 벤자민은 사랑하는 이들을 두고 떠난다.

그리고 수년이 흐른 뒤 아무것도 기억하지 못하는 아이가 되어 길에서 발견된 벤자민을, 그의 가방 안에서 발견된 연락처를 보고 경찰이 데이지에게 데려다 준다. 벤자민은 결국 사랑했던 여인, 데이지 할머니 품에서 아기가 되어 숨을 거둔다.

마크 트웨인의 '인간이 80세로 태어나 18세를 향해 늙어간다면 인생은 무한히 행복하리라'라는 명언에서 영감을 얻었다는 이 영화를 보면서 나는 많은 생각을 했다.

나도 시간을 되돌리고 싶다. 현대인의 관심사처럼 어떻게 하면 더 젊어 보일까 생각하면서 살고 있기 때문이다. 젊어질 수 있다면 아마도 온갖 방법을 동원하는데 인색하지 않을 거란 생각이 든다. 모든 것이 상품화 될 수 있는 자본주의 사회 안에서, 젊음이야말로 가장 큰 상품이다. 젊음은 무언가를 저지를 수 있는 용기이며 자신 있게 미래와 경쟁할 수 있는 무기이기 때문이다.

그런데 점점 젊어진다는 건 과연 좋기만 한 것일까?

그렇다면 누구나 벤자민 버튼의 삶을 부러워해야 할 것이다. 시간이 흘러감에 따라 늙는 것이 아니라 오히려 젊어지기 때문이다. 하지만 늙음 젊음 사이에서 결코 변하지 않는 것은 인간이 그 시간에 종속되어 있음이다. 그리고 그 시간에서 벗어나지 못한다는 것이다. 벤자민의 불행은 시간이 역행하는데 있다.

나도 어린 시절에 하기 싫은 피아노 연습 시간을 단축시키려고 시계를 빠르게 돌린 적이 있다. 시간을 내 마음대로 하려고 했던 거다. 그러나 이제와 생각하니 순간의 눈속임으로 나의 시계만 빨라졌을 뿐, 모든 시간을 지배할 수는 없었다. 하늘이 시간을 움직이기 때문이다. 하늘은 결코 시간을 거꾸로 돌리지도, 빠르거나 느리게 돌리지도 않는다는 깨달음이다.

'자연에 역행하고서 벌을 받지 않는 경우는 없었다'라는 옛말을 기억해낸다.

그래서인가. 오늘도 나의 시계는 잠시 멈춤도 없이 앞으로만 가고 있다. 텅 빈 시간들이 가슴속으로 우수수 쏟아지는 정초에는 그 속에 채워 넣을 새로운 시간을 그려본다. 세모(歲暮)가 되면 다시 남은 한 장의 달력에 아쉬움과 그리움의 깃발이 펄럭인다.

그렇게 나는 하늘이 움직이는 시간의 배경 속에서 인생의 절정기를 걸쳐 순리대로 늙어가고 있으니 얼마나 다행스러운 일인가. 시간을 비우고 다시 시간을 채워가면서.

마음을 움직인 향기

- 영화 「울지마 톤즈」를 보고

화면 속에 한 남자가 환하게 웃으며 신나게 기타를 치고 노래를 한다. 말기 암으로 요양 중인데도 그의 눈빛이 빛난다. 그 남자는 웃고 있는데, 극장 안은 숨죽인 울음소리로 출렁거렸다.

병상의 그 남자가 여전히 웃고 있다. 움푹 팬 볼, 털모자를 깊숙이 눌러 쓴 검고 우묵한 눈매. 열여섯 번의 항암치료로도 이미 몸 전체에 번진 암세포와 싸워 이기지 못했다. 그도 예견하고 있었으리라. 곧 세상을 떠나야 한다는 것을. 얼마 후인 2010년 1월 14일, 그는 마흔여덟의 창창한 나이에 선종했다.

관객들은 눈물을 훔쳐내면서 '왜?'라는 질문을 한다. 모든 걸다 바쳐서 하나님을 위해서 일을 한 그가 왜 그렇게 일찍 하늘의 부름을 받아야 했는지? 하나님은 왜 그분을 살려주셔서 더 많은 일을 하게 두시면 안 됐는지.

작고 초라한 말구유에서 나셨고, 세상에서의 서른세 해의 짧은 삶, 영광스러운 자리나 부유한 자리를 택하신 것이 아니라 지극히 가난한 자들과 아픈 자들과 함께 사랑을 나누셨던 예수님을 떠올렸다. 십자가에 못 박히는 고통을 감수하셔야만 했던 그분의 생애를 듣고도 나는 '왜?'라는 질문을 했었다.

'좀 더 오래 세상에 머물러 더 많은 복음을 전하셔도 되지 않았나요? 그를 잡아 못 박는 형벌을 내린 로마 군사들에게 즉시 기적을 나타내실 수는 없었나요.'라고. 하지만 주님은 더 깊은 뜻과 섭리를 나타내시려 하심이었다고 했다. 우매한 나에게는 힘든 깨달음이었다. 신앙의 선배들은 스스로 그 답을 찾아내며 살아가는 것이 구도의 길이라 일러주었다.

신부가 아니어도 의술로 많은 사람을 도울 수 있는데, 한국에도 가난한 사람이 많은데, 왜 아프리카에 갔냐는 질문을 자주 받는다. 특별한 이유는 없다. 다만 내 삶에 영향을 준 향기가 있다. 가장 보잘것없는 이에게 해준 것이 곧 나에게 해준 것이라는 예수님 말씀, 모든 것을 포기하고 아프리카에서 평생을 바친 슈바이처 박사, 어릴 때 집 근처 고아원에서 본 신부님과 수녀님들의 헌신적인 삶, 마지막으로 10남매를 위해 평생을 희생하신 어머니의 고귀한 삶, 이것이 내 마음을 움직인 아름다운 향기다 - 이태석 -

십남매의 아홉 번째로 태어나, 홀어머니가 삯바느질로 키워 의대에 합격한 자랑스러운 아들이었다. 이미 형님이 신부셨고 누나가 수녀님이셨다. '너마저…'라고 만류하는 어머니를 설득하고, 하나님께 몸과 마음을 바쳤다. 그리고 마음을 움직인 향기를 찾아서 아프리카 수단으로 간 이태석 신부님. 분명 그는 하늘이 보낸 천사일 거란 생각이 든다. 한센병으로 손발이 뭉그러진 환자들의 손과 발을 만져주고, 결핵환자를 위해 병상을 만들고 손수 강가의 모래를 퍼 날라 병원을 짓고 학교를 짓는다. 맨발로 먼 길을 걸어서 단 하나뿐인 의사를 만나러 오는 환자를 위해서이다. 공부에 주린 아이들에게 공부를 가르치기 위해서다. 신부님은 베풀어주기 위해서 수단으로 간 것이 아니었다. 가장 작고 가장 가난한 그들과 함께 꿈을 키우기 위해서다. 본인이 하나하나 악기를 습득하고 아이들에게 가르쳐서 남 수단 최초의 브라스밴드를 만들었다. 전쟁과 가난으로 피폐해진 아이들에게 음악을 통해 꿈을 만들어 주고 싶어서이다. 브라스밴드는 정부

행사에도 초청되어 박수를 받았고 아이들에게는 자신감을 심어 주었다.

2년에 한 번씩인 휴가에 한국으로 돌아온 신부님은 우연한 기회에 건강검진을 받았다. 그리고 온몸에 암이 퍼졌다는 소리를 듣는다. 그분은 자신을 염려하기보다 돌아가야 할 것을 염려했다고 한다. 가서 해야 할 일이 있고 그를 간절히 기다리는 이들이 있기 때문이었다. 그러나 그분은 돌아가지 못했다.

2010년 2월, 아프리카 수단 남쪽의 작은 마을 톤즈. 남 수단의 자랑인 톤즈 브라스밴드가 마을을 행진했다. 선두에 선 소년들은 한 남자의 사진을 들고 있다. 환하게 웃고 있는 사진 속 한 남자, 이태석 신부님이다. 마을 사람들은 톤즈의 아버지였던 그의 죽음이 믿기지 않는다며 눈물을 흘렸다.

그들은 세계에서 가장 키가 큰 딩카족이다. 남과 북으로 나뉜 수단의 오랜 내전 속에서 그들의 삶은 분노와 증오 그리고 가난과 질병으로 얼룩졌다. 목숨을 걸고 가족과 소를 지키기 위해 싸우는 딩카족. 강인함과 용맹함의 상징인 딩카족에게 눈물은 가장 큰 수치다. 그들이 운다. 무슨 일이 있어도 눈물을 보이지 않던 그들이 울고 말았다. 나는 그들의 눈물 속에서 관중들이 던진 하나의 답을 찾아본다.

톤즈의 아버지이자, 의사였고, 선생님, 지휘자, 건축가였던 쫄리 신부님, 이태석. 그분은 사람이 지닌 분량 이상의 사랑을 나눠주었다는 생각이 든다. 행복의 완성은 내 것을 채우는 삶이 아닌 다른 사람의 마음을 채우는 일이라고 했다. 그분은 어느 누구보다 행복한 삶을 사셨다. 그리고 떠났다. 한 알의 밀알이 떨어져 썩지 않으면 50배 100배 결실을 거둘 수 없다는 성경말씀처럼…. 자신의 모든 것을 던져 가장 작은 이들을 크게 사랑했던 헌신적인 삶이 스크린을 벗어나서 온 세상을 울린다.

가장 향기로운 꽃은 어떤 꽃일까? 장미? 백합? 아니다. 사람이 사람을 향해 아낌없이 나누는 사랑이 가장 아름다운 향기가 된다. 하나님은 그분을 세상에서 불러가셨지만 그분은 꽃으로 우리 곁에 다시 피어났다. 그 진한 향기가 오늘도 또 누군가의 가슴을 움직이는 향기로 영원히 남아있으리라.

살아 있는 순간보다 죽는 순간에 더 많은 것을 보여준 예수님의 마지막 모습을 기억하면서, 그 분의 마지막 향기 속에서 나는 또 하나의 답을 찾아본다.

시간의 두 얼굴

등에는 천사의 상징인 날개가 있고, 한 손에는 모래시계를 움켜쥐고 있는 시간의 신인 크로노스. 그는 노인이지만 근육질의 건장한 사내 모습이다. 시간의 영원불변한 힘을 보여주려는 의도라고 한다. 왼쪽에 서 있는 여자는 싱싱한 피부에 복숭아 빛 살결, 우아한 몸매의 아름다운 모습이다. 그 옆에 노인을 상징하는 추한 몰골의 노파가 젊은 여인의 땡땡한 볼을 할퀴려 하고 있다. 그녀는 크로노스의 명령에 의해 젊은 여인의 아름다움을 파괴하고 있는 것이다. 아름다운 여인과 늙은 노파와의 대조적인 외모. 그러나 젊은 여인과 노파가 한 사람이라는 것을 금세 눈치 챌 수 있다. '화가의 숨은 그림 읽기'라는 책 속에서 이탈

리아의 화가 폼페오 바토니의 '노파에게 아름다움을 파괴하라고 명령하는 시간'이라는 작품이다.

화가는 젊음을 할퀴는 노파의 앙상한 손끝이 시간에 의해 파괴될 수밖에 없는 인생의 덧없음을 그렸다. 화가는 젊음을 잃고 노년으로 들어가는 우리 모두의 모습을 극한 대비 속에 표현했다. 절정의 아름다움으로 표현되는 여인의 붉은 의상과 시간 영감의 냉정함과 투철함이 엿보이는 푸른 의복도 그 대비 속 하나인 듯하다. 시간 영감은 붉은 의상을 낚아채려 다가선다. 젊은 여인은 당혹함을 감추지 못하지만 아무런 저항도 하지 못한다. 시간 앞에 무능할 수밖에 없는 우리들의 모습 그대로가 아닌가. 이상하게도 이 작품 사진 속 등장인물들이 가슴 속으로 들어서서 오랫동안 나를 잡고 놓지 않았다.

시간은 여유로운 사람 앞에서는 여유로운 걸음을 걷는다. 그러나 조급한 사람 앞에서는 달려갈 수밖에 없다. 어린 시절 시간이 느림보라고 생각했다. 아무리 기다려도 방학이 빨리 오지 않았기 때문이다. 아버지와 손가락 걸고 약속한, 생일 선물을 받을 날짜는 왜 빨리 오지 않는 건지. 어른들은 시간이 눈 깜짝할 사이에 가버린다고 했는데, 난 몇 번이나 눈을 깜빡여 보았지만 그 시간 속에 여전히 작은 아이로 멈춰 서 있다.

또 한편 시험을 볼 때, 시간 안에 문제를 풀기 위해서 부지런히 머리와 손을 움직여 본 적이 있는가? 달려가는 시간에 비해 턱없이 느린 두뇌회전 속도를 한탄하며 시간을 붙잡고 늘어져야 했던 기억이 떠오른다. 5분만 더, 아니 1분만이라도, 한 문제라도 더 풀 수 있기를 바라면서 애를 태웠다. 그러나 무정한 종소리에 더 버틸 재간이 없어서 못다 푼 시험지를 내놓고는 시간이 너무 빠르다고 원망했다.

그러나 꿈이나 바람(希望)보다 시간이 더디게 가는 시절 속에서도 나는 멈추지 않고 자랐으니 시간의 속성을 이해하기란 정말 어렵다. 시간이 서늘한 바람소리를 내면서 달려가는 중년의 고개에 이르러서야, 비로소 시간이 눈 깜짝할 사이에 지나갔다고 고개를 끄떡여 본다. 아무리 둘러보아도 그 자리에 멈춰서 자라지 않을 것 같았던 작은 아이는 이제 없다.

옆을 돌아본다. 보이지는 않지만 내 곁에도 모래시계를 쥐고 있는 고약한 시간 영감이 존재하고 있을 거라는 생각이 든다. 이미 상당 부분 나에게서 젊음을 빼앗아간 노파의 심술스런 모습도 얼핏 스친다. 그들은 하나가 되어 내 곁에서 결코 물러나지 않을 것이다. 허나 적이란 두려움을 보이면 더욱 강하게 들이대는 법이다. 시간으로부터 당당하게 나를 지키고 시간에서부터 자유로워질 수는 없는 걸까?

횡단보도의 초록불이 보행자였을 때는 무척 빠르다. 그러나 시간에 쫓기는 운전자였을 때는 한없이 느리기 만하다. 그런 시간의 상대적인 속성을 떠올려본다. 조급함에서 벗어나서 천천히 여유롭게 가보자. 그러나 결코 허송세월해서는 안 된다. 그림 속 무능한 여인처럼, 나약한 모습을 보이지 말아야 한다. 젊음은 빼앗긴 것이 아니다. 다시 집을 찾아오기 위해 작은 조약돌을 던져두고 가는 안데르센의 동화 속 헨젤과 그레텔처럼, 지나온 길에 남겨놓고 오는 것이다. 빠르게 달려가는 시간보다 더 소중한 추억을 줍기 위해서이다. 잃어버린 젊음으로 인한 두려움과 당혹감 대신 영적인 힘을 길러야한다는 어느 종교지도자의 말씀을 되새겨 본다. 그분은 시간을 선물로 이해하라 했다. 내가 받았던 선물들이 나를 즐겁게도 행복하게도 했었으리라는…. 빛바래고 낡은 기억조차 눈부시게 만들 수 있는, 시간은 오늘을 변화시킬 수 있는 기적의 천사도 될 수 있다.

고약한 시간 영감이 사라진 자리에 평화스러운 모습의 시간 천사가 다가선다. 시간의 두 얼굴 중 하나를 선택할 수 있는 건, 시간을 만나는 순간의 내 마음가짐이 아닐까.

구독자님 전 상서

뉴욕 맨해튼, 옛 뉴스위크 사무실 건물의 흑백사진을 배경으로 한가운데 빨간 글씨로 박아놓은 '#LAST PRINT ISSUE'란 글자가 섬뜩합니다. 제목 자체가 아예 '마지막 인쇄판'입니다. 종이 인쇄의 중단을 상징적으로 표현한 것 같긴 한데 중단이 아니라 아예 우리의 장례식을 미리 보는 느낌입니다. 1933년 창간돼 79년 역사를 가진 뉴스위크지가 2012년 12월 31일, 마지막 인쇄판을 냈다고 합니다. 2013년부터 온라인으로만 기사를 내보낸다고 하니, 남의 일 같지 않아 한숨을 길게 내 쉬었습니다. 어디 뉴스위크지뿐인가요. 더 많은 종이 매체들이 사라져 가고 있습니다.

새벽의 신선한 공기를 가르고 배달원의 빠른 손놀림에 의해 주인집 현관 앞에 던져질 때, 내 몸엔 생생한 기사들이 비늘처럼 몸을 세우고 번뜩입니다. 기다렸다는 듯이 현관문을 열고 나를 맞는 주인님의 반가운 인사에 존재의 이유가 아침 햇살처럼 선명하게 빛났죠.

주인님은 거실에 편한 자세로 앉아 나를 쫙 펼쳐놓습니다. 한 장씩 나를 들출 때마다 손으로 전해지는 감촉이 너무 좋습니다. 주인님은 버석거리는 내 몸 소리가 참 좋다고 하셨지요. 단순한 만남이 아닌 따뜻한 감정의 교류입니다. 주인님은 신문 속 작은 감동으로 가슴을 쓸어내리고 큰 제목의 기사로 놀라워합니다. 끔찍한 사건 기사에 비정한 세상을 탓하기도 하셨지요. 물론 주인님은 바쁠 때면 큰 제목을 대강 읽어 내려가기도 하지만 시간 여유가 있을 때는 사회면에서 경제면, 문화면, 또 '시가 있는 아침'까지 차근차근 기사를 읽어내려 가셨지요. 36면의 전면광고까지 본 후 나를 한쪽에 개켜 놓습니다. 흡사 잘 차려진 밥상에서 골고루 반찬을 먹는 것처럼 포만감으로 흡족한 표정입니다. 나 역시 할 일을 다 한 뿌듯함으로 어깨를 들썩거렸지요.

존재하는 모든 것은 영원할 수는 없지 않겠습니까. 더구나 누군가에게 유익함을 준다는 것은 나의 한 부분을 버리는 일인지도 모릅니다. 세계 속 이야기에서부터 국내 기사, 그리고 사진까지 선명하게 많은 유익한 기사를 담고 있다는 자부심으로 꼿꼿했던 내 모양은 이내 후줄근해졌지요. 더러는 주인님이 가위로 중요한 기사를 오려내어 스크랩했기 때문에 구멍 뚫린 내 몸뚱이가 영 말이 아니었지만, 그런 날은 신문으로서 책임을 완수했기에 더욱 보람을 느꼈습니다. 그러나 그때부터 나를 필요 없는 존재라고 말하는 이들이 있습니다. 그건 잘 모르는 말씀입니다. 포근함과 습기를 빨아들이는 내 특유의 습성 탓에 주인님 집 강아지의 배변을 위해서는 필수적이고 깨지기 쉬운 그릇이나 물건의 포장지로도 유용하게 쓰이지 않았습니까. 더러는 야외에서 돗자리 대용의 깔개가 되기도 했고요, 노숙자들에게는 초라하지만 따스한 이불이 되기도 했습니다. 뉴욕현대미술관(MoMA)의 디자인스토어에서 멋진 숄더백으로 다시 태어난 친구는 선망의 대상이었습니다. 그렇게 우리는 다양한 쓰임새로 재활용되어 마지막 사명을 다했습니다. 뿐인가요. 폐신문지는 고물상에서 다른 폐지에 비해 월등 가격도 높다는데요. 이 대목에서 우쭐거리지 않을 수 없네요.

그러나 우리는 온라인 매체의 신속함과 편리함에 두려움을 느끼지 않을 수가 없습니다. 언제나 빠르고 쉽게 기사를 검색할 수 있기 때문이죠. 지난 기사도 찾기 쉽고, 연관된 다른 정보도 얻을 수 있습니다. 관심 없는 분야는 아예 볼 필요도 없고, 실시간으로 제공되기 때문에 최신 정보를 쉽게 접할 수 있습니다. 뿐인가 그 모두가 무료로 제공되고 있습니다. 또한 남아 쌓이는 것도 없어 간편하다고 합니다. 물론 주인님도 가끔 활용하고 있는 걸 눈치 챘습니다.

그런 편리함에도 불구하고 주인님이 아직 저를 선택해서 구독하고 있으니 무지 고맙습니다. 그러나 인간은 변하기 쉬운 존재라고 합니다. 더구나 이익과 편리함을 좇아서 낯빛을 바꾸는, 아니 바꿀 수밖에 없는 현대인들의 취향에 맞서서 나는 언제까지 생존할 수 있을까요.

새로운 기사라고 해도 그것만으로는 동떨어져 존재할 때 가치가 없습니다. 사람들이 즐기고 느껴야 생명을 얻는 것입니다. 눈으로만 기사를 읽고 단편적인 정보수집에 그치기 쉬운 온라인 매체의 잔상은 눈앞에서 사라지면 그대로 기억도 사라져 버리는 것 같지 않은가요. 그러나 세상을 정확하게 담고 있는 종이 신문을 구석구석 읽어 내려가다가 발견한 한 구절의 감동은 큽니다. 며칠간 넓게 사색하고 성찰할 수 있는 기회도 줍니다. 여운입니다.

편리를 내세워 사라져가는 것들이 많아지는 세상입니다. 그러나 뭐든 지나치면 탈이 나게 돼 있습니다. 그래서 중요한 게 균형이죠. 현대인의 지적 미래를 위해서는 '프린트 읽기'를 적극 활용해야 한다고 합니다. 우리 종이 신문에는 시간 맞춰서 새벽을 가르고 뛰어오는 배달원의 발자국소리와 기대로 맞아주는 주인님의 반가움이 얽혀 있습니다. 더러는 편리하지 않아도 지키고 보전해야 할 것들처럼, 우리 만남도 그렇게 지켜주셨으면 합니다. 손끝으로 다가서는 정겨움과 버석거리는 저의 신선한 목소리를 사랑하는 주인님을 닮은, 더 많은 지혜로운 구독자들의 마음이 변치 않을 것을 확신합니다.

2013년 1월, 종이신문 올림

우린 가끔 그리워했다

우린 자주 만날 수는 없었지만 가끔 전화로 안부를 묻곤 했다. 땀범벅으로 지친 삼복더위에는, 찬바람 불면 한 번 만나자고 했다. 그러다가 가을이 오고 또 빠른 걸음으로 가을이 가버리고, 깊은 겨울의 중간쯤에서는 추위나 가시면 꼭 만나기를 기약했다. 그러기를 몇 번인가. 우린 그렇게 짧은 시간이라도 함께하지 못한 채 그리워만 했다. '보고 싶다'라는 바람으로 그려낸 그림을 가슴에 걸어 놓은 채 많은 계절을 뒤로 보내곤 했다.

그분을 처음 만난 건 동양화를 배우던 화실에서였다. 같은 지역에 살고 있다는 인연으로 더 깊게 마음을 나누게 된 듯싶다. 난 오랜 투병 끝에 바깥세상으로 나온 지 얼마 안 되었을 때였다. 그래서 남들과 어울려 살아가는 방법에 많이 서툴렀다. 누군가의 말 한마디에도 기분이 상하면 즉각 반박했다. 공격적이고 내 중심적인 사고로 남을 이해하려고 하지 않았다. 누군가에게 쫓기기나 한 듯이 열심히 그림을 그렸지만, 뭔가 마음에 안 들면 불같이 화내기도 주저하지 않았다. 오죽하면 그 당시 별명이 악바리였겠는가. 그래서 사람들과 부딪혔고 그랬기에 또 많이 외로웠다.

그분은 달콤한 말로 나를 칭찬한 적도 없고 값비싼 음식을 사준 적도 없다. 내가 화를 냈을 때 어떤 말로 달래 준 적도 없다. 그저 마음이 풀어질 때까지 천천히 기다려 주었고 한결같이 곁에서 지켜봐 주었을 뿐이다. 그런데도 다른 이에게서 느낄 수 없는 따뜻함이 내 가슴 구석진 곳으로 스며들었다. 그곳에 작게 웅크리고 있던 이전의 나를 깨우는 듯도 했다. 오래 참고 원만했고 그래서 속 깊은 아이라는 소리를 듣던 어린 시절의 나를 조금씩 찾아내려는 노력이라도 하고 있었으니…. 난 서서히 스스로 감정을 다스리는 법을 다시 배워갔다.

그렇게 그분과 함께했던 시간은 그리 길지 않았다. 내가 늦게 공부를 시작하면서 그림을 중단했고, 그분도 얼마 후에 자녀들이 살고 있는 미국을 오가면서 생활하시게 되었기 때문이다. 그래도 우리는 가끔 통화를 해서 궁금증을 풀곤 했다. 여전히 만남을 갈망했지만, 또 언제나 다음을 기약했다.

오랫동안 소식이 없다가, 그분의 전화를 받은 건 어느 해 가을로 들어서는 무렵이었다고 기억한다. 평소와 달리 울먹이는 목소리가 의아했다. 그분은 사업의 실패로 많이 힘들다고 했다. 내가 술을 할 줄 안다면 함께 술이라도 마시고 싶다고 했다. 내게 그랬던 것처럼, 난 그저 이야기를 듣기만 했다. 그분도 누군가에게 마음을 열어놓고 하소연 하는 것만으로도 위로가 되는 듯했다. 그래도 '어렵고 힘들 때 나를 기억하셨구나'라는 생각에 짠한 감정이 가슴속에서 울컥 솟구쳤다.

그러다가 그분이 아예 미국으로 거처를 옮긴 지도 여러 해 되었다. 우린 만나지 못한 채 그리워만 하면서 세월을 보냈다. 가끔 시간을 되돌려 함께했던 시간 속으로 가보는 것만으로 위로를 삼으면서.

이번 여름 그분을 만났다. 부친상을 당해서 잠시 고향에 다니러 온 길에 아주 짧은 만남의 시간을 가졌다. 더위가 기승을 부리는 즈음인데도 우린 가을을 기약할 수가 없었다. 비가 잦은 일기였다. 언제 갑자기 폭우가 쏟아질지 모르는 상황인데도 만남을 서둘렀다. 다음을 기다릴 시간이 없었기 때문이다.

우린 찻집에서 커피를 마시고 이런 저런 안부를 물었다. 얼굴이 여전하다니, 아니라고 전보다 많이 변했다고… 세월이 흘렀는데 모습이야 어찌 변하지 않았겠는가. 하지만 변하지 않은 게 있다면, 전과 다름없이 서로를 향한 마음일 게다.

만남이란 내가 아닌 다른 사람과, 내가 지니고 가는 시간과 그 사람의 시간이 포개지는 순간이 아닐까? 수없이 많은 시간의 선들이 교차하면서 더러는 마주치기도 하고 더러는 비껴가기도 하는 것이 삶이라는 생각이 든다. 짧은 순간이라도 정말 마주치지 말았으면 하는 이가 있는가 하면 먼 곳에서 건너다보는 시선의 끈만으로도 힘이 되는 이도 있다. 그리워하며 살아가기만 해도 마음에 뭔가 알 수 없는 포만감으로 가득 채워주는 것 같은, 바로 그분 같은 이다.

우린 여름 한 가운데 서서 다음 계절을 기약하지도 못하는 아쉬움 속에 헤어졌다. 각기 다른 시간의 선을 따라가다 보면 영 포개질 수 없을지도 모른다. 한쪽 벽이 다른 한 쪽 벽에게 그렇게 말했단다. 우리 끝에서 만나자고. 마주 보는 벽이지만 쭉 살다보면 벽과 벽이 이어지는 모서리에 닿을 수 있는 것처럼, 지금은 먼 듯하지만 바람과 바람이 이어지면 다시 만날 수 있는 시간이 오지 않을까? 하면서 섭섭함을 달랬다.

뒤돌아보았다. 그분이 휘익 스쳐 지나갔던 자리에 빗방울이 떨어진다. 한낮의 열기를 식혀주는 청량한 빗줄기다.

4.
혼자 먹는 밥

내 가슴 속 또 하나의 방을 하나 만들고 싶다.
세월도, 어떤 시련의 바람도 기웃거리지 못하는
영원한 기억의 방을.

영원한 기억의 방

하얗다. 사방을 둘러보아도 작은 발자국 하나 밟고 간 흔적이 없다. 가슴 발자국만 쿵쾅거리며 뛰어다닌다.

그는 가볍지 않은 성품을 지녔다. 그래서 믿었다. 달면 삼키고 쓰면 뱉어내고 손바닥 뒤집듯이 신의를 저버리는 인간들이 사는 세상에서 그래도 그를 믿었다. 손가락 한마디도 채 안 되는 몸체이기에 휴대하기도 편리했고, 명석하고도 넉넉한 가슴은 나의 소중하고도 비밀스러운 이야기들을 담아 주기에 부족함이 없다 확신했기 때문이다.

며칠 전이다. 그를 컴퓨터에 꽂아둔 채로 사진을 복사하기 위해서 디카를 컴퓨터에 꽂았다. 새로 산 컴퓨터는 유에스비(USB-

컴퓨터와 연결해서 쓰는 저장도구)를 꽂을 수 있는 장치가 2개다. 난 그 편리함을 누리면서 기분이 좋아지려는 참이었다. 컴퓨터에서 '두!두!' 하는 연속음이 잠시 들렸다. 의아했지만 크게 마음을 쓰지 않았다. 사진을 복사하고 다시 돌아가서 파일을 찾았다. 대답이 없다. 몇 번이고 불러도 마찬가지다. 대답할 파일이 사라진 거다.

지난 2년 간 쓴 글을 저장해둔 유에스비다. 한참 동안이나 가슴이 뛰어다니는 발자국을 진정시키느라 애를 썼지만 좀처럼 가라앉지 않았다. 100편이 넘는 시, 수십 편의 동화, 그리고 한 편 한 편 차곡차곡 모아가고 있는 수필들이 어디로 가버린 걸까. 세수를 마친 후 세면기에 쏟아버린 물처럼 하수구를 타고 내려가서 다시는 만날 수 없는 걸까? 내가 내뱉은 수많은 언어들이 허공으로 날아 가버려서, 정지된 형태로 다시는 기억될 수 없는 걸까? 막막했다.

한 번 더 애원하는 기분으로 자료들을 찾기 시작했다. 역시 없다. 나의 간절한 소망이 현기증을 파편처럼 떨어뜨리며 날아가버렸다. 믿음을 저버린 그가 원망스러워지기 시작했다. 할 수만 있다면 깨 타작 하듯이 탁탁 털어내거나 두들겨서라도 꼭꼭 숨겨둔 기억들을 찾아내고 싶다.

1.44MB 저장 용량 밖에 가지지 못한 속 좁은 플로피 디스켓이 사라진 지 오래다. 700MB 분량의 CD는 파일을 저장할 수는 있지만 쓰고 지우기가 쉽지 않았다. 그래서 그들보다 몇 배 더 한 용량을 지녔고 쓰고 지우기도 자유스러운 그를 선호했고 그리고 믿었던 거다.

망연자실한 채로 한숨만 쉬고 있었다. 그러나 손 놓고 가만히 있을 수만은 없지 않나. 방법을 찾아보자. 퍼뜩 정신을 차리고 서둘러 인터넷을 뒤졌다. 용한 의원을 찾듯이 복구업체를 찾아내기 위해서다. 많은 업체 중 하나를 선택해서 통화를 했다. 담당자는 유에스비가 외부의 충격에 의해서 손상이 되었는지? 시스템에 꼽아둔 상태에서 논리적인 손상을 입었는지를 물었다. 그에 따라서 복구시키는데 물질적인 차이도 있고 완벽하게 복구시킬 수 없는 경우도 있단다. 난 고개를 저었다. 뚜렷한 이유조차 알 수 없기 때문이다. 그래도 한 가닥 기대를 걸 수밖에 없다. 전쟁터에서 부상당한 환자를 병원으로 후송하듯이 그를 충격완화지로 여러 번을 꼭꼭 감싸서 복구업체로 보냈다.

그를 보내고 마음을 졸이는 동안 난 우리의 뇌 속 기억장치를 생각해 보았다. 수많은 이름들이 저장되어있고 수많은 기억들이 존재하는데…. 요즘은 가끔 감당하기도 힘든 많은 양의 기억들을 저장하느라 힘에 겨워서인지 깜빡깜빡 파일을 찾지 못한다는 신호를 보내기도 해 나를 당황하게도 했다. 하지만 한참 생각하면 어느 구석에서인가 슬그머니 고개를 쳐들어 가슴을 쓸어내리게 했다. 그런데 뇌에 물리적인 손상을 입거나 질환으로 기억상실증에 걸린다면, 그래서 아무것도 기억 할 수 없다면…. 이건 유에스비에 저장해둔 파일이 날아간 것과는 비교할 수도 없는 심각한 상황이다.

요즘 인기리에 방영되고 있는 SBS 드라마 「천일의 약속」 중 한 장면도 생각난다. 극중 주인공 서연(수애 분)은 이상 단백질들이 뇌 속에 쌓이면서 서서히 뇌 신경세포가 죽어나가는 퇴행성 신경질환인 알츠하이머(치매)에 걸려 기억을 하나씩 잃어간다. 그때 그때 꼭 메모를 하고 자주 갔던 곳을 잊지 않기 위해 사진을 찍어두는 모습에 가슴이 짠했다. 교통사고로 뇌의 손상을 입은 친구의 남편이 과거를 깡그리 잊음은 물론이거니와 금방 행동한 사실을 잊고 같은 동작을 반복한다는 기막힌 이야기를 들은 적이 있다. 그 후 친구의 남편은 세상을 떠났지만 뇌손상의 무서운 후유증에 대해서 오랫동안 충격을 받았다.

이틀 만에 그가 돌아왔다. 치명적 상처를 입은 몸은 완벽하게 복구되지 못한 채이다. 그래도 갈빗대를 여러 개 잘라버리고도 용감하게 돌아온 전사같이 반가웠다. '손상된 파일은 아깝지만 운명으로 돌릴 수밖에 없지 않나. 만만치 않은 치료비를 지불했지만 그나마라도 건졌다는 것이 어디인가.' 혼자 중얼거리면서 스스로를 위로할 수밖에 없다.

이번 사태는 앞으로는 파일을 안전하게 보호해야겠다는 깨달음을 주었다. 사실 인간의 손에 의해 만들어진 믿음이라는 게 얼마나 허망할 수 있다는 걸 알게 해준 계기가 되기도 했다.

다시 우리 몸 속 기억장치를 염려해본다. 나이를 먹으면서 심해지는 건망증이나 치매 증상을 두려워한다면, 우리 기억도 컴퓨터처럼 어느 곳에 복사해 둘 수는 없을까? 안전한 저장장치를 찾아내야 하지 않을까? 놓치기 싫은 아름다운 이야기들을 위해 내 가슴 속 또 하나의 방을 하나 만들고 싶다. 세월도, 어떤 시련의 바람도 기웃거리지 못하는 영원한 기억의 방을.

혼자 먹는 밥

혼자 밥상을 차린다. 유난히 밥맛이 없다. '가지나물은 너무 푹 삶았어. 갈치조림은 양념이 덜 된 것 같아.' 투덜거리면서 이것저것 반찬을 젓가락으로 휘젓기만 하고 있다. 언제나처럼 맞은편에 어머니가 걱정스러운 눈빛으로 건너다보신다. "입맛이 없구나. 여름 더위에 너무 지쳤나보다." 난 고개를 끄떡인다. 어머니는 이내 정색을 하고 뭐가 먹고 싶은가를 물어본다. 막내딸이 밥을 못 먹는 이유가 자신의 탓인 것처럼 얼굴빛이 어두워진다.

어머니가 만든 무생채 나물의 매움하면서도 시원한 맛이 입안에서 맴돈다. 쇠고기를 짓이겨서 갖은 양념을 하여 얇게 반대기를 지어서 구운 뒤에 다시 네모반듯하게 썰어 진간장에 조린 약산적이 먹고 싶다. 나박김치도 먹고 싶다. 총각김치도 먹고 싶다. 아삭아삭하고 싱싱한 오이지도 먹고 싶다. 끝없이 음식 이름을 늘어놓는 나를 어머니는 안쓰러워 못 견디겠다는 쳐다보신다.

어려서 형제들과 몸 부딪히고 와글거리면서 살아갈 때는 늘 과일이며 맛난 음식이 욕심을 채워주지 못했다. 오징어 다리 하나 더 먹겠다고 싸웠고, 포도 한 알이라도 더 먹겠다고 떼썼다. 눌은밥 한 숟가락 더 먹겠다고 다툴 때도 오빠가 하나만 되었더라면, 언니가 없다면…. 그 분량만큼 내가 더 먹을 수 있을 텐데 하는 못된 상상도 했다. 그러나 시간은 멈추지 않고 우리들을 끌고 달려갔다. 형제들이 하나 둘 출가를 해서 혼자 남았을 때, 나누어야만 했던 많은 분량을 혼자 내가 다 차지할 수 있게 되었는데 도무지 신이 나지를 않았다. 왼손잡이인 작은오빠와 어깨를 부딪치면서 하나라도 더 먹겠다고 눈 흘기던 그 시절이, 형제들과 둘러앉아 먹던 둥근 밥상이 한없이 그리웠다. 형제들과 공유했던 건 먹어서 없어지거나 써서 닳아버리는 것들뿐만이 아니었다. 목숨의 가장 근본적이고 본능적인 욕구를 함께 채워나가는 눈물겨운 과정의 동참이었다.

일찍이 아버지가 돌아가셨고, 오랫동안 어머니와 살아가다가 어머니마저 돌아가시고 처음 혼자 밥을 먹을 때였다. 내가 잘 먹는 양을 대견스레 지켜보시던 어머니의 부재가 실감나지 않았다. '어디 잠시 나들이 가신 걸 거야. 아니 미국 작은언니네로 좀 긴 나들이를 가셨는지도 몰라. 곧 다시 돌아오실 거잖아.' 그렇게 중얼거려보는데, 그 빈자리가 내 안으로 들어서 휭휭 바람을 몰고 다녔다. 그 바람 탓인가. 속이 쓰렸다. 지독한 허기를 느끼면서도 선뜻 밥숟가락을 잡지 못했다. 먹긴 먹어야 하겠는데, 가슴 속을 가로질러 콱 막고 있는 그 무엇이 음식을 거부하는 듯했다. 된장찌개 맛이 어떠냐고? 네가 좋아하는 뱅어포구이라고, 그렇게 챙겨주시지 않는 어머니가 야속했다. 미국 여행 중에도 매일 전화로 밥 잘 먹었느냐고 챙겨주셨던 분이 아니셨나. 뜨거운 눈물 한 방울이 국 속으로 떨어졌다. 그러나 이내 섞여져 버렸다. 그래, 슬픔도 삶 속에 희석시켜버리면 흔적도 없는 것을. 나는 살아야겠다고 마음을 다그쳐 먹었다.

그러나 의무를 수행하듯이 꾸역꾸역 밥을 먹고 나면 으레 가슴에 뭉쳐서 내려가지를 않았다. 가슴을 두들기면서 몇 달을 체증으로 고생하다가 위내시경검사까지 했다. 심각한 표정으로 결과를 기다리는 내게 의사는 이상소견이 보이지 않는다고 했다. 그저 "신경성입니다."라는 말을 쉽게 해주었을 뿐이다.

나는 혼자 먹는 밥과 익숙해지기 위해서 노력했다. 기분 좋은 생각을 끌어다가 곁에 앉혀놓기도 했다. 밥을 먹고 30분 정도 음악을 틀어놓고 따라서 부르기도 했다. 그러다보니 서서히 혼자 차리는 밥상에 익숙해졌고 혼자서 먹는 음식과 친해져갔다. 익숙해진다는 건 서로 길들여지는 것이다. 나와 상대가 갈등을 해소 하고 서로에게 관대해지는 것이다.

이제 난 혼자서도 밥을 잘 먹는다. 이것저것 내 솜씨로 반찬을 만든다. 뿐인가 어머니에게 전수받은 밑반찬도 철마다 잊지 않고 만들어 보기도 한다. 그러나 가끔은 맞은편을 건너다본다. 어머니에게 음식투정도 해 보고, 기억 속의 둥근 밥상을 펼쳐놓고 오빠 언니들을 불러 모아 보기도 한다. 외국에 있어서 오랫동안 못 만난 친구를 불러오기도 한다. "우리 그때 함께 먹었던 수제비 정말 맛있었지. 오늘 내가 만든 반찬은 어때?" 앞에 앉은 친구의 얼굴에 빙긋 웃음이 번져나간다. 나도 기분이 좋아진다. 물론 밥맛도 좋다.

외로움은 즐기는 순간 빛난다고 한다. 나의 빈자리도 언제나 빛난다. 때마다 정겨운 이들이나 하늘나라로 먼 여행을 떠난 분들이나, 누구라도 초대해서 함께 식사를 할 수 있으니 말이다. 오늘 저녁은 누굴 초대해서 멋진 식사를 할지 생각 중이다. 이왕이면 꽃 한 송이도 꽂아놓고 조용한 음악도 곁들여야겠지.

겨울나무, 기억으로 살다

나무는 제 발치에 기억을 묻는다
기억들이 제 몸으로 타고 올라
다시 푸른 기억으로 피어난다
그래서 슬퍼도 슬프지 않다

나무는 새하얀 바람 안은
어린 나무들의 바람막이다
여린 가지 세워두려 몸을 구부린다
그래서 추워도 춥지 않다

나무는 눈 속에 꺾여
불길 속에서 탁탁 기억의 춤을 춘다

몸 던져 차가운 이들의 가슴을 데운다
상처 난 것이 상처 난 세상을 감싸 안는다
그래서 아파도 아프지 않다

나무는 회색 하늘을 가슴 속에 재운다
겨울잠에도 새끼 키우는 곰이다
깊은 잠 끝에 만남은 꽃이다
그래서 겨울이 길어도 길지 않다.

- 졸시 「겨울나무 기억으로 살다」 -

오랜 병상에서였다. 나를 즐겁게 해준다고 친구들이 찾아와서 시끌벅적 거리다가 밀물처럼 빠져나가버리면, 텅 빈 자리의 고요가 더 견디기 어려웠다. 어머니와 살아갈 때 명절이면, 형제들과 조카들이 찾아와서 북적이다가 다 가버리면 더욱 쓸쓸해져서 빈 집안 이곳저곳에 남아 있는 그들의 기억을 더듬곤 했다. 그래서인가. 여름 숲이 무성했을수록, 가을이 아주 뜨겁게 숲을 불사르고 난 뒤일수록 그 빈자리에 서 있는 겨울나무들이 더욱 쓸쓸해 보였다.

나무의 한 해는 위대했다. 새잎을 돋우고 눈부신 성장으로 빛을 받아들이고 비를 가리고…. 자연의 모든 것을 그대로 받아들였다. 벌레에게 여린 잎을 내주고 노래하는 새들의 안식처가 되어주었다. 꽃을 피우고 지고나면 이어 열매를 맺는다. 무성한 잎 그늘에서 비바람을 피한 야생화들이 화려한 생을 펼치고 스러졌다. 물방울을 모아 마른 흙을 다독거렸고 열매를 맺어 짐승들의 허기를 채웠다.

몇 번의 태풍이 숲을 흔들었다. 누워버린 나무들 사이로 햇살이 들어섰다. 그렇게 가끔은 키 큰 나무는 키 작은 나무들을 위해서 빈자리를 만들어 주어야 하는 이치를 알고 있는 듯했다. 숲 바닥까지 깊숙이 내리꽂힌 햇살은 서둘러 마지막 계절을 준비했다. 끊임없이 물기를 나르던 수관들은 물기를 거두었고 윤기 나는 잎사귀들은 초록빛을 잃어갔다. 그러나 새로운 계절 속의 나무는 풍요로운 축제를 준비했다. 만찬이다. 열매는 달고 실하게 익어갔다. 결실을 거둬들이고 베풀 수 있는 나무들은 행복했다. 그러나 축제는 길지 않은 법이다. 불꽃이 스러진 숲에는 바람만이 남겨진 흔적들을 지우기 위해서 분주하게 뛰어다닐 뿐이다.

겨울이 깊을수록 숲 속에 남아 있는 것들은 빈 가지와 수피들. 물론 상록수들이 변함없이 푸른빛으로 숲을 지키지만 햇살은 얇고 짧아졌다. 성근 나무들 사이로 싸한 바람이 숭숭 드나들쯤이면 나무들은 더 외로워진다.

외롭다는 건 떠난 이들을 향한 그리움이 있다는 거다. 함께 했던 빈자리가 허전하다는 거다. 그래서 겨울나무는 말하지 않아도 더 많은 말을 하고 있는지도 모른다. 보이지는 않지만 무수한 기억들이 여전히 나뭇잎 되어 출렁거리고, 수많은 기억들이 꽃으로 피어나기에 그 긴 겨울의 차가움과 지루함을 견디고 있는 지도 모른다.

만나고 헤어지고 다시 만나는, 순환이라는 삶의 고리 안에서 겨울을 보내는 나무들은 여전히 익숙하지만 낯선 기억의 힘으로 살아가리라. 기억이 두터울수록 봄은 더 찬란하리라고….

또 다른 길의 시작

길을 잃은 적이 있다. 이사 가서 꽤 오래 그곳에 살았음에도 집 주변의 지리를 잘 알지 못했다. 오랜 투병 중이어서 집 앞에서 차를 타고 병원에 가는 일이 전부였기 때문이다. 다행히 조금씩 회복이 되었고 그해 봄은 집 주변을 산책할 수도 있게 되었다. 그날은 조금 먼 거리를 가 볼 양으로 엄마와 같은 교회를 다니는 할머니 댁에 전할 물건을 내가 가져가겠다고 했다.

엄마의 염려를 뒤로하고 가벼운 마음으로 집을 나섰다. 집안에 누워 몇 해를 보낸 나에게 봄 하늘은 눈부셨고 길섶의 작은 틈새를 비집고 나오는 풀 한 포기도 신기로웠다. 한 번 가 본 적이 있는 길이다. 긴 골목을 들어서 또 꺾어진 골목으로 발을 옮겼다. 그리고 할머니 댁 푸른 대문을 찾아서 물건을 전했다. 문제는 그 후였다. 당연히 돌아오는 길로 들어섰다고 생각했는데 아무리 가도 골목길을 벗어나 큰 길로 나서지 못했다. 좁다란 골목을 가다가 다시 나오기를 반복했다. 오른쪽으로 돌아야 나가는 길이라 여겼는데 골목 끝은 막혀 있다. 뒤돌아 다른 길로 들어서 봤지만 가파른 돌계단이 나를 가로막았다. 도움을 받을 만한 사람도 보이지 않았다. 갑자기 두려워졌다. 더구나 많이 걷기에는 약한 다리가 참지 못하고 통증을 호소했다. 주저앉고 싶었다.

길을 잃다니…. 20여 년을 집과 학교만을 반복해서 다니며 살아온 동안 한 번도 경험해 보지 못한 일이다. 두렵고 내가 참 바보스럽다는 생각까지 들었다. 썩 영악하지는 못했어도 이 정도는 아니었는데 하는 자책으로 슬퍼졌다. 그러나 그 길 끝에서 주저앉아 있을 수만 없었다. 잠시 아픈 다리를 쉬고 일어섰다. 당황스러운 마음을 쓸어내리고 기억을 더듬었다. 얼마큼 걷다보니 아, 저만치 보이지 않던 큰길이 보였다.

그날의 경험은 또 다른 길을 찾을 수 있는 시작점이었던 것 같다. 그 후 난 계속 새로운 길을 찾으며 살아왔다. 중단했던 학업을 계속했고 그림을 그렸고, 글을 쓰기 시작했다. 그러나 건강 탓에 더러는 멈춰서 더 이상 갈 수 없을 만큼 힘이 들기도 했다. 하지만 다시 일어서 나를 추스르며 가파른 길도 험한 길도 몸을 사리지 않았다. 약한 다리로 참 많이 그리고 열심히 걸었다. 할 수 있다는 것만으로도, 다닐 수 있다는 것만으로도 감사했기 때문이다.

어느 날부터인가. 시퍼렇던 젊음이 고개를 숙이고 나서 얼마큼이나 더 지나서일 게다. 아껴주지 못하고 부려먹은 무릎이 신음소리를 냈다. 지혜롭지 못한 나는 조금씩 달래주면 되겠지 하면서 버텼다. 치료시기를 놓쳤다. 참다못한 무릎이 더 이상 다닐 수 없다고 비명을 지를 때야 서둘러 병원으로 달려갔다. 상태는 심각했다. 병원에서는 무릎의 각도가 뒤로 밀려나서 걸으면 통증이 더 심해질 거라고 했다. 걸을 수 없을 수도 있다는 절망스러운 이야기를 들었을 때 앞으로만 나가던 내 인생길이 끝났다고 생각했다. 더 이상 갈 길이 보이지 않는 듯했다. 흡사 젊은 날 길을 잃었을 때처럼 두려워지기 시작했다. 오랫동안 막다른 길 앞에서 탄식했다

그러나 가슴 한 구석으로 한 줄기 바람처럼 들어서는 소리가 있었다. '거부할 수 없다면 현실을 받아들여라. 즐길 수는 없어도 내 것으로 인정해야 한다.' 서서히 마음이 편안해지기 시작했

다. 인생길은 세상의 길처럼 뒤돌아갈 수는 없지만 새로운 길을 찾을 수는 있지 않나.

젊은 시절 길을 잃어버린 곳은 그저 내가 살고 있는 마을 안이었을 뿐이다. 나의 인생길 역시 나를 둘러싸고 있는 테두리 안이다. 그리고 인생길은 가능성이라는 도로 명을 갖고 있다. 그 길은 일직선만으로 구성 되어 있지 않다. 꺾임과 곡선으로 다양하다. 찾으려한다면 곳곳에 이정표가 길 안내를 돕고 있다. 어디에도 막다른 길은 없다. 높은 절벽 앞에서 절망했다면 뛰어넘을 수 있는 날개를 달아야 한다. 벼랑 끝에 서 있다면 보이지 않는 새로운 길을 찾기 위해 뛰어내릴 수 있는 용기도 필요하다. 의지의 한계를 세상이 정해놓은 한계에 맞추지 말고 자신이 정해야 한다는 글을 읽었다. 그 한계에 도전하다보면 기적 또한 기다린다고.

내게 있어 휠체어와 무릎보조기는 절망을 뛰어넘을 수 있게 해주는 날개다. 물론 처음에는 낯설었다. 나를 지켜보는 이들도 낯설어했다. 그러나 낯선 것들은 곧 익숙해지기 마련이다. 나는 새로운 동반자들과 함께 이전과 다른 길로 들어섰다. 또 다른 여행의 시작이었다.

잊지 못할 꽃다발

진달래꽃이 꽃샘추위를 안고도 봄의 화신으로 사명을 다하고 피었다 질 무렵이면, 연이어 철쭉꽃이 피어 다시 세상을 화사하게 꾸민다. 봄의 끝자락을 잡고 피어나는 진분홍 꽃빛깔에 흠뻑 취해 잠시 정신을 잃고 나면 어느새 봄날은 간다.

철쭉꽃이 필 무렵이면 생각나는 아이가 있다. 내게 봄꽃처럼 환한 웃음 가득 건네주던, 아랫집 살던 민우라는 여섯 살짜리 꼬마다.

민우와는 묘한 인연으로 만났다. 우리가 이사 간 집이 민우가 태어난 집이다. 우리가 민우네로부터 집을 샀고 민우네는 이사를 갔는데, 몇 년 후에 다시 우리 동네로 이사를 온 것이다. 민우는 공군 장교인 아빠, 양호교사인 엄마와 형과 누나와 사는 부러울 것 없는 아이였다.

어느 날부터인가 민우가 우리 집을 기웃거리기 시작했다. 대문을 닫고 살지 않았던 시절인지라 그랬겠지만 엄마도 출근하고 형도 누나도 학교에 가고나면 심심했는지 매일 놀러오기 시작했다.

아침이면 부지런히 대문을 열고 들어서서 "밥은 먹었나요? 반찬은 뭘 먹었지요?"라고 시작해서 자기는 뭘 먹었다고까지 이야기를 다 하고나면 휙 뛰어나갔다. 장남감이라도 새로 사면 제일 먼저 내게로 가져와서 자랑하곤 했다.

"언니(민우 누나가 나를 언니라고 부르니까)는 왜 집에만 있어요? 학교는 안 가나요. 우리 누나가 다니는 대방초등학교가 괜찮다는데, 거기 다니지 그래요."

당시에 나는 몸이 아파서 학교를 쉬고 집에서 요양 중이었다. 20대의 나에게 초등학교를 권해주는 아이의 이야기에 웃지 않을 수 없었다. 그렇게 재잘재잘 이야기를 해주고 나면 언제나 다시 휙 뛰어나간다. 그러다 새로운 일이 생기면 또 한달음에 뛰어와서 전해 주고 나갔다. 친구와 싸우거나 돌봐주는 언니에게 야단이라도 맞으면 우리 집으로 뛰어 들어와서 하소연했다. 책을 읽거나 음악을 듣는 게 전부인 나의 일상에, 민우는 흡사 내게 즐거움을 주는 일을 맡은 천사인 듯도 했다.

얼마 후였다. 어느 날 병원에 갔다 오는 길에 아빠와 함께 손잡고 가는 민우를 만났다. “아빠, 집사님(우리 어머니가 교회집사님이셨다)네 언니야!” 민우가 너무 반가워하며 소리를 치는 통에 나도 민우 아빠도 당황할 정도였다. 아빠는 가볍게 고개를 숙이고 아이의 하는 양이 귀여워서 빙긋이 웃음을 지었다.

그리고 그 다음 주에 민우네 집에 등이 걸렸다. 아빠가 세상을 떠났다는 거다. 아이들 준다고 친지에게서 강아지 한 마리 얻어놓고는 당직근무를 하다가 심장마비로 저 세상 사람이 됐단다. 고만고만한 세 아이를 남겨놓고서 어찌 그리 빨리 먼 길을 떠날 수 있을까 싶어 남의 일 같지 않게 마음이 아팠다.

초상집엔 세상 떠난 주인 따라 온 강아지가 밤새도록 울었다. 강아지는 어미 품이 그리워서 밤을 새웠겠지만, 가족들은 떠나간 이를 슬퍼하며 밤을 새웠으리라. 민우는 집안의 심각한 분위기에 좀 침울해 보였지만 아빠의 죽음은 잘 이해하지 못하는 것 같았다.

“엄마가 그러는데요, 우리 아빠가 싸움을 아주 잘하는 군인이래요. 하늘나라에서 전쟁이 나서 갔대요.”

민우는 눈을 반짝반짝 거리며 아빠를 자랑스럽게 말했다. 전쟁이 끝나면 곧 돌아올 거라고 믿고 있는 것 같았다.

얼마 후에 민우네가 엄마 직장 근처로 이사를 간다고 했다. 나도 많이 섭섭했지만 민우도 섭섭했는지 "이사 가도 엄마랑 언니 보러 꼭 올게요."라고 거듭 약속했다.

민우가 이사 가기 전날이다. 점심나절이 지난 후였는데, 민우가 철쭉꽃 한 다발을 들고 헐레벌떡 뛰어 들어왔다. "언니 주려고 저기 언덕 위에서 이 꽃 꺾었어. 근데, 철조망에 엉덩이를 긁혔어."

민우는 꽃을 나에게 건네주고는 뒤돌아서 바지를 쓱 내리더니 엉덩이를 보여주었다. 빨갛게 긁힌 자국이 선명했다.

"어머, 예쁘다. 나 주려고 꺾어왔어? 저런, 아팠겠다."

난 민우가 꺾어온 철쭉꽃에 감격해서 칭찬을 해주고 얼른 꽃병에 꽂아놓았다. 민우는 내가 흡족해 하는 모습에 덩달아 기분이 좋아져서 활짝 웃어보였다. 아픈 것도 다 잊어버린 듯했다.

삼국유사에 의하면 순정공이 강릉태수로 부임하는 길에 그의 부인인 수로(水路)가 천 길이나 되는 절벽 위에 피어 있는 꽃을 탐내었으나 험한 바위 위에 있으므로 아무도 나서는 사람이 없었는데, 한 노인이 꽃을 꺾어다 바치며 노래를 지어 불렀다는 내용이 나온다. 바로 「헌화가(獻花歌)」인데 그때 그 절벽 위에 피어있던 꽃이 바로 철쭉꽃이었다고 한다.

민우는 나에게 꽃을 꺾어주고 싶어서 가파른 언덕을 올라갔다. 천 길 절벽 위는 아니었어도 아이에게는 상처를 입을 만큼 험한 길이었음에 틀림없다. 민우는 집안에만 있는 내게 봄꽃을 보여주고 싶었으리라. 또 헤어지는 섭섭함을 마지막 선물로 채워주고 싶었던 거다. 옛 이야기 속 노인처럼 노래까지 지어 부르지는 않았다 해도, 내게 전해지는 감동의 울림은 컸다.

나를 위해 꽃다발을 만들어 주었던 작은 아이도 이제는 어른이 되었겠지…. 그동안 수많은 봄을 보내고 또 봄을 맞이하는데, 매해 봄이면 민우의 모습과 함께 진분홍 철쭉꽃이 내 가슴 속에 여전히 피어난다.

환절기

시간 위를 걸어가면서
망각을 먹으면서도
낯설지 않은 모습
눈썹 끝에 매달려 대롱거렸다
낡은 퍼즐 맞추다 채우지 못한
빈 칸 속에
몇 번이고 넣고 빼 보는 조각난 이름
크로노스[8]의
푸른 술잔을 기울이며
손을 흔들었던
아, 너였구나

---

8) 시간의 신(神)

지난 계절.

- 졸시 「낯설지 않은 너」 -

활짝 열어도 답답하기만 했던 창문이 휑하니 넓어졌다. 문을 반쯤 닫으니. 그 사이로 들어선 바람의 결이 선선하다. 시퍼런 잎들이 물기를 거두고 나무들의 한해살이가 끝나고 있다. 나는 언제나처럼 가을앓이를 했다. 달궈졌던 가슴이 어디 그리 쉽게 식어버릴 수 있겠는가. 채 식지 못한 가슴 속에서는 그를 보내지 못했는데 서늘한 이별이 손을 잡으란다.

어느 해부터인가, 짧어진 세월의 무게가 버거울 때부터인 듯 싶은데…. 환절기가 되면 나는 계절의 고비를 그냥 넘기지 못하고 많이 힘들어했다. 마음만은 여전히 젊음이라는 싱그럽고 푸른 낯빛을 지녔는데, 싸늘한 바람은 높다란 하늘가에 쨍하고 부딪치며 산산이 흩어져 내렸다. 그 바람이 푸른 잎사귀들을 스치며 물기를 거두고, 내 몸속으로 슬그머니 발을 들여 놓았다. 내 몸도 마른 잎처럼 버스럭거렸다. 맛도 모르는 밥을 끼적거리며 먹었고 먹어도 금세 허기졌다. 갈증 탓에 물을 들이켜도 또 이내 목이 탔다. 설핏한 햇살을 덮고 누워 뒤척거려야 했다.

긴 겨울을 보내고 봄으로 들어설 무렵도 견디기 힘들다. 어둡고 긴 터널을 빠져나와 갑자기 하늘이 너무 눈이 부셔서 한 동안 쩔쩔 매는 것처럼, 새 계절과 익숙해지기까지 또 많은 적응의 시간이 필요했다. 봄꽃을 피우려는 열정을 받쳐주지 못하는 체력 탓에 미열 속에서 허우적거리기만 했다. 오싹오싹한 한기를 걸치고 선뜻 집밖으로 나서지도 못했다. 왜 매해 만나는 봄인데, 매해 겪는 새로운 계절인데 몸뿐만이 아니라 마음까지도 쉽게 받아들이지 못하는 걸까.

유년기에서 청춘으로 그리고 중년고개를 넘어서 노년으로 들어서는 인생의 환절기를 순리대로 받아들여야 하는 과정도 점점 벅차기만 하다. 거울 속 내 모습에 고개를 젓고 전만 못한 기억력에 한숨을 쉰다. 보내야 할 것들을 보내지 못하고 새롭게 다가서는 것들을 두려워하는 이 증상은, 아마도 새로운 내일을 빛나는 그림으로 그리기에 자신 없는 세월 탓이 아닌가도 생각해본다.

익숙한 계절의 오래된 미련을 주저 없이 보내고 새로운 계절의 낯설음을 용기 있게 내 것으로 인정할 수 있을 때, 자신감이 약해지는 몸과 마음을 힘차게 지탱할 수 있지 않을까. 내가 가질 수 있을 만큼, 내가 볼 수 있을 만큼의 족한 걸음으로 다음 계절을 향해 가볍게 걸어가야 할 듯하다.

봄은 설렘이다

저만치 봄이 기웃거리는 3월, 창밖의 벗은 나무들이 몸을 흔들며 춤을 춘다. 먼 하늘 끝엔 위잉 위잉~ 주문을 외는 바람이 걸려있다.

다가설 듯 다가설 듯하다가 다시 뒷걸음질 치는 매정한 여인, 봄의 손을 잡아챘다. 뜨거운 가슴으로 품었는가. 만삭의 몸, 가지 끝에 오래 머문 진통이다. 몸 풀지 못한 개나리가 싸늘하게 뒤척이다가 노린 열꽃을 피웠다. 현기증으로 휘청이다 하얀 웃음 건네는 목련이다. 언제 새로운 세상이 그리 수월한 걸음으로 온 적이 있는가. 죽음 같은 단단한 침묵을 뚫고 새 생명 탄생을 지켜보는 이들의 감동 또한 매해 다를 수밖에 없다.

나도 몇 해 전까지만 해도 봄을 설렘으로 맞이한 듯싶다. 하나 하나 돋아나는 푸른 잎사귀들을 바라다보는 감회가 새로웠다. 나에게도 푸른 생기가 솟구치는 듯이 기분이 상쾌했다. 그런데 올해도 어김없이 피어난 봄꽃을 보면서도 크게 감동스럽지 않았다. 나는 새로운 것을 새롭게 느끼지 못하는 이 증상이 만만치 않은 세월을 살아온 나이 탓이라고 돌리고 싶었다. 그러나 나보다 더 많이 살아오신 A선생님의 「설렘」이라는 글을 읽고 나서는 그도 잘못된 생각이라 여겨졌다. 지지난 해 희수를 보내신 선생님은 70여 년을 보고 느낀 세상인데도 늘 새롭고, 또 세월이 흐르면 흐를수록 신기롭고 아름답다고 하셨다. 떠날 날이 머지않아 그렇게도 아쉽게 느끼는 것이 아닐까 스스로에게 묻곤 하신단다.

그러면 나의 이런 증상은 무슨 까닭일까? 계절보다 먼저 다가선 환절기 증후군이 체력을 약화 시킨 듯싶다. 당연히 따라온 무기력과 권태로움으로 세상을 바라다보니 시큰둥이라는 심각한 증상에 감염된 듯하다.

『인생에 대한 예의』라는 책에서 저자 곽세라는 인생에 대한 가장 큰 결례는 시큰둥한 태도라고 했다. 우리가 삶에 대해서 더 이상 흥분하지 않으면 에너지도 더 이상 우리를 위해 피를 나르지 않고, 우리 몸은 쉬면 이제 에너지가 필요 없다라고 생각해 미토콘드리아[9]를 줄인다고 한다. 그 결과 몸의 기능이 떨어지고 질병이나 노화의 길로 접어들 수밖에 없으리라는…. 나는 고개를 저었다. '아직은'이라는 강한 반발이 고개를 쳐든다. 그렇다면 그날이 그날 같은 일상에서 봄이 와도 크게 변화될 것도 없다는 내 감정의 여백을 잠식하고 있는 이 시큰둥한 낯빛을 깨어버리는 방법은 무엇일까?

모서리마다 뾰족한 날을 세운 듯 그 기세가 만만치 않은 봄추위를 피하려 집안에 창을 꼭꼭 잠그고 칩거했었다. 인색한 햇살조차 감당하기 어려워 두터운 커튼으로 창을 가렸다. 나의 삶을 뚫고 들어오려는 강한 의지의 봄을 받아들이지 않으려 했다. 나는 봄을 향해 눈을 뜨지 않고 봄날이 새롭지 않다고 투덜거렸던 거 같다. 봄꽃을 향해 손 내밀지도 않고 그냥 지나치는 길손인 듯 무심했다.

희뿌옇게 먼지 낀 마음의 창부터 활짝 열어야겠다. 목련이 눈꽃처럼 피던 골목에서 봄을 향해 달음질치던 아이 적 나를 불러본다. 새 학기 새 책, 새 친구… 새로워서 모두 눈부시지 않았

---

9) 진핵 세포 속에 들어 있는 소시지 모양의 알갱이로 세포의 발전소와 같은 역할을 하는 작은 기관

나. 칙칙한 겨울옷을 벗어버리고 나풀거리는 치마를 같은 날 입자고 약속했던 소녀 시절 친구들 이름도 떠올려본다.

봄을 이기는 겨울은 없다고 하지 않았나. 떠나지 않으려 버티다가도 봄에 등 떠밀려 어느새 멀어지는 게 겨울이다. 죽을 만큼 지치지 않았다면 마음을 이기는 몸도 없지 않을까 싶다. 가라앉았던 몸이 마음의 부추김으로 일어섰기 때문이다. 그렇게 습기 찬 이불처럼 시큰둥한 마음을 말리려 봄 햇살 속으로 한발자국을 내딛어 보았다. 몸도 마음도 한결 새로워졌다. 내친김에 친구들과 서해안 안면도로 봄나들이를 갔다. 지난해 송년모임에 만났던 친구들이 겨울을 보내고 나니 모두 보고 싶다고들 해서다.

그러나 막상 먼저 만남을 반기던 친구들이 세 명이나 참석하지 못했다. 한 친구는 갑자기 시어머니가 돌아가셨고, 지난 해 암수술을 받은 한 친구는 몸 상태가 안 좋단다. 우린 지난해 봄까지도 정정하셨기에 내년에도 꽃구경 가고 싶다던 친구 시어머니의 이야기를 했다. 봄은 왔는데, 봄을 기다리던 이는 먼저 떠나버린 거다.

나는 올해도 봄을 맞이했다. 얼마나 감격스럽고 대단한 일인가. 충분히 신나고 멋진 일이다. 아이처럼 즐거워하고 소녀처럼 감동해도 된다. 봄꽃처럼 눈부시게 웃어도 되고 봄 하늘처럼 새로운 것들을 갈망해도 된다. 살아있음에 새로운 싹을 틔우는 흙의 굼틀거림을 배워도 된다.

'설레지 않으면 버리라'는 광고 문구를 본 적이 있다. 나는 봄을 버릴 수가 없다. 그래서 이 봄날을 설렘과 함께하기로 했다. 언젠가 이 봄이 못 견디게 그리울지도 모르지 않나.

질 투

배가 살살 아프다. 먹은 음식이 체했는지? 진통제 처방으로도 금세 치료되지 않는, 그 알 수 없는 통증은 오랫동안 나를 잡고 떠날 줄 모른다.

눈앞에 우쭐되는 그의 얼굴이 오락가락한다. "내가 자랑하는 것은 아니지만…." 하면서 은근히 하는 이야기가 자랑과 크게 다를 바가 없다. '사촌이 땅을 사면 배가 아프다'라고 했는데, 혹 그러면 그가 나의 심기를 불편하게 해서?

같은 선에서 출발한 동료가 나를 앞지르고 있다. 능력이 현저히 차이가 나서라면 체념이라도 해보겠는데, 처세술에 밝은 그가 이리저리 세상을 휘저으며 앞서가고 있으니 속이 부글부글

끓는 것인가. 단순한 개인에 대한 질투가 아니라고, 뭔가 잘못 되어가고 있는 불공평한 현실에 대한 울분이라고, 옹졸해지려는 나를 합리화 시키면서도 영 마음이 편치 않다.

가끔 TV연속극을 본다. 현대극이나 사극이나 그 속에서 벌어지는 시기, 질투 그로 인한 음모와 모략 등이 드라마를 끌고 간다. 왕의 총애와 권력을 얻기 위해 여인들의 질투가 치열하고, 백마 탄 왕자 같은 재벌가의 신랑감을 얻기 위한 여인들의 신경전도 질투심의 극치를 이룬다. 극에 달한 질투심으로 인한 행동이나 말들이 재미를 가중시킨다. 시청자들은 자신들의 일인 양 흥분하고 손가락질한다. 그리고 갈등의 해소를 예견하는 다음 편을 기다리는 것이다.

동화 속 신데렐라에서 주인공이 모진 시련을 겪게 되는 이유도 계모의 질투로 인해서가 아닐까. 마음씨 착하고 예쁜 신데렐라에 비해 자신의 딸들이 더 못나 보인다는 이유에서이다.

어린 시설 나또한 민만치 않은 질투심의 소유자였다. 평소 가슴 속에 꺼진 재처럼 잠잠하다가 어느 순간 불씨 되어 휙~ 바람을 안고 거세게 타오르면 통제가 불가능해진다. 겨우 네 살 때 큰언니 소생의 조카가 태어났다. 막내로 엄마, 아버지의 사람을 듬뿍 받다가 사랑을 빼앗긴 것 같은 허전함에 못 견뎌서 조카를 귀여워하면서도 괴롭혔다. 큰조카는 첫돌 무렵 동생을 보아 우리 집에서 자랐는데, 나는 화가 나면 "너네 집에가!"라고 소리를 질렀다. 한 수 더 떠서 "우리 아버지한테 돈 달래지마!" 하면 조카는 입을 삐쭉이면서 짐을 주섬주섬 싸가지고 집으로 가겠다고 문밖으로 나서곤 했다.

또 나는 공부 잘하고 예쁜 작은언니를 시기했다. 엄마의 관심을 듬뿍 받고 칭찬 듣는 언니가 속으로 미웠기 때문이다. 형제간의 질투는 옛날부터 많은 사건을 유발시켰다. 가장 오래된 기록으로, 성서 속의 카인과 아벨의 사건이다. 카인은 하나님이 아벨의 제사만 받아들이자 동생 아벨을 죽인다. 형제간의 경쟁심이 최초의 살인사건으로 기록된 것이다. '에서'는 어머니가 동생 야곱에게 특혜를 주어 아버지의 축복을 받을 수 있도록 도와주자 질투심을 갖게 된다. 결국 야곱은 형인 에서에게 죽을까봐 두려워 집을 떠나야 했다. 야곱의 12아들 중 아버지의 총애를 받고 있는 요셉은 형들의 시기로 구덩이에 던져졌다가 노예로 팔려갔다.

물론 그런 충격적인 사건까지 이르지는 않았지만, 언니의 아끼는 새 옷을 입고 나가서 얼룩을 묻혀오거나 선물로 받은 사기

인형을 깨뜨려놓거나 했다. 그리고는 내가 나빠서라기보다 질투심을 유발시킨 엄마와 언니가 더 나쁘다고 원망했다. 나는 똑같은 분량의 사랑을 받고 싶은 것이 아니었다. 공평함이 아니라 특별한 관심을 받고 싶었기 때문이었다.

오래전 그림을 공부할 때도 동료들 중 누가 나보다 그림을 더 잘 그렸다는 소리를 들으면 밤에 잠이 오지 않았다. 그렇게 칭찬하는 선생님이나 칭찬 듣는 이나 모두 미웠다. 나는 이를 악물고 그리고 또 그렸다. 앞서기 위해서였다. 난 악바리라는 소리를 들으면서 남들이 한 장 그리기도 힘들어 할 때 두 장 세장을 그렸다. 질투가 나를 끌어주는 힘이었다.

질투란 무엇일까? 눅눅하고 끈끈한 것이 장마철 같아 영 물러설 것 같지 않고, 은근하고 오래가며 쉽게 떨쳐지지 않고 온몸을 휘휘 감는다. 뿐인가. 녹슨 쇠처럼 서서히 마음을 갉아 먹어치운다. 그러나 수 백 만년에 걸쳐 성공한 조상에게 물려받은 '감정적 지혜'가 질투심의 또 다른 표현이라고도 한다. 경쟁상대를 앞지르려는 욕망으로 나를 발전시킬 수 있기 때문이다. 모든 증상이 그러하듯이 질투도 지나치지만 않는다면 유익함을 줄 수도 있다. 나무들도 홀로 있는 것보다 무리와 함께 있으므로 서로 경쟁이라도 한 듯이 잘 자란다. 형제가 많은 집 아이들이 혼자 자라는 아이보다 빨리 약아지기도 한다. 형제들을 통해서 시행착오를 학습하기도 하고 서로 질투하며 자신을 발전시킬 수 있기 때문이다. 홀로 뛰는 경기보다 라이벌이 있는 경기에서 더 좋은 기록이 나올 수도 있지 않은가. 그러나 지나치면 상대편을 증오하고 심하면 살인까지 저지를 수도 있으니 가볍게 넘길 문제가 아니다. 그러면 치료방법은 없을까?

'우리들이 참으로 비교해야할 대상이 있다면 진리의 삶에 자신을 비교하는 것이며, 경쟁상대가 있다면 성인들의 삶을 깊이 들여다보고 게으름과 나태에 빠지는 자기 자신을 경쟁상대로 삼아 이겨내는 용기이다'라는, 언제인가 감명 깊게 읽은 문구를 나를 비롯한, 질투로 배 아픈 이들 모두에게 건네주어야겠다.

그런데 아직도 살살 배가 아프니….

결혼면허증

차들이 부지런히 질주하는 거리에서 '초보운전' 표지판을 부착한 차가 조심스럽게 가고 있다. 답답하다는 듯이 클랙슨을 빵빵거리면서 휘익 옆으로 달려가는 차 틈새에서, 진땀을 흘리며 가슴을 두근거리고 있을 초보운전자의 모습이 눈에 선하다.

마침 고개를 돌리니 로터리에 '결혼면허증 교실'이라고 쓴 플래카드가 펄럭인다. 결혼할 신부와 신랑에게 결혼생활이 서툴지 않도록 면허증을 따도록 교육시키겠다는 이야기다. '결혼면허라… 재미있겠는데'라고 중얼거리면서 난 나름대로 상상의 날개를 펴기 시작했다.

첫째, 출발이다 조심스럽고 떨린다. 순조로운 출발이 이루어지면 반은 성공한 듯 안도의 숨을 내쉬게 된다. 잠시의 질주 그리고 일단 정지, 그어놓은 선을 넘으면 안 된다. 결혼생활에도 서로와 서로를 위해서 지켜야 할 선을 그어놓아야 한다. 가까워진 사이라고 함부로 대한다면 서로에게 상처를 입힐 수밖에 없다. 여기까지는 무사히 통과됐다.

자, 다시 출발, 이번에는 오르막. 삶의 질주가 어찌 평탄한 길만 바라리오. 더러는 오르막길의 숨 가쁨이 있고 내리막길의 조심스러움도 있는 거다. 그러나 오른다하여 거침없이 오르다가는 실격이다. 반드시 중간에 멈춤이 또 있다. 언제나 쉼 없는 질주, 그 길에도 잠시 숨을 고르고 뒤돌아봄의 여유가 필요하다는 이야기다.

여기까지 통과하고 나면 큰 숨을 한 번 쉬게 된다. 그러나 이번에는 좌회전. 핸들을 부지런히 왼쪽으로 돌리고 다시 바른쪽으로 돌리고 정신이 없다. 그 다음에는 직진하다가 S자 코스를 돌게 된다. 조금만 선을 침범해도 벌점을 주는 신호음을 보내니 긴장하지 않을 수 없다. 결혼생활에도 법률이 정해놓은 잣대가 있기 마련이다.

'돌발! 즉시 깜빡이를 켜고 급브레이크를 밟는다. 살아가면서 어찌 평탄함만 있겠는가. 갑자기 들이닥치는 거대한 트럭이나 방해물 같은 위험 상황에 대비하기 위한 연습이다. 휴! 온몸은 땀으로 흥건하고 가슴만 쿵쾅 거린다. 이번에는 자신 있다는 평면 주차, 다시 달리고 정지하고 주차하고 도착지를 향해서 들어온다. 간신히 시간이 초과되지 않았다. 그렇게 어렵게 면허를 땄다. 그러나 실제 결혼생활에서는 거리에서 운전하는 초보운전자처럼 쉽지만은 않을 거란 생각이 든다.

나는 연습 중에는 곧잘 달렸다. 주차도 정확하게 한다고 칭찬을 들었다. 운전면허연습장에서의 일이다. 그런데 문제는 시험장 차에 타기만 하면 가슴이 떨린다. 핸들을 잡은 손에 힘이 들어가고 눈앞이 캄캄해진다. 부끄럽게도 여러 번 떨어졌다. 그때 "**번 합격입니다."라는 방송과 함께 당당하게 나오는 수험자가 굉장히 부럽고 위대해 보였다.

여러 번 실패로 인한 의기소침 탓인가 운전면허 따기를 포기했다. 아무래도 운전은 적성이 안 맞는 듯하다. 그래서인가 결혼운전면허도 딸 엄두를 못 냈다. 무면허운전을 할 만큼의 무모함도 지니지 못했으니 당연히 결혼이라는 위험한 길로 들어서지도 못했다.

그러나 요즘 결혼운전면허 없는 뻔뻔한 운전자들이 늘고 있는 듯하다. 사랑을 바탕으로 한 면허도 없으면서 과시용으로 비싼 외제나 고급차만을 선호하고 있다. 도로주행에 미숙하니 좌충우돌이다. 그뿐인가, 주변과의 관계를 원만히 하며 순발력 있게 대처하는 방어운전이 필수인데 위기 상황에 대한 대처 능력도 부족하니 작은 충돌에도 서슴지 않고 포기를 선택한다. 책임지지 못한 결혼으로 자신들은 물론이거니와 주위 사람들까지 상처를 입히고 있다. 결혼면허를 따기 위한 사전 노력과 끝까지 안전한 주행을 위해 지켜야 할 것을 결코 소홀히 해서는 안 되는데….

빵빵! 내가 탄 차가 앞에서 멈칫거리는 초보운전 차에게 클랙슨을 울린다. 난 퍼뜩 정신을 차리며, 다시 면허증에 도전을 해보라는 친구의 말을 떠올린다. 고개를 젓는다. 자신이 없기는 마찬가지다. 운 좋게 면허증을 딴다한들 평탄한 길만은 아니기에 아무래도 자신이 없다. 그러나 포기하기에는 운전면허나 결혼면허나 둘 다 아직 미련이 남으니….

미안해

쫑이가 평소와 달리 예민해진 듯싶다. 복도를 오가는 발자국에 신경을 곤두세운다. 엄호사격을 가하던 수준이 아니다. 여차하면 공격자세로 뛰어나갈 태세를 갖추고 있으니.

식욕도 떨어졌다. 통 밥을 못 먹는다. 아침저녁 시간을 재촉해서 졸라대던 품새는 어디로 가고 밥그릇을 보는 눈빛이 싫증난 장난감 바라보듯이 시큰둥하다.

쫑이에게 밥을 잘 안 먹는다고 욕을 해댔다. 나이를 먹더니 입맛만 까다로워져서 감당이 안 된다면서, 어디 내다 버리고 싶다고 막말을 해댔다. 그런데 아무래도 쫑이의 몸 상태가 심상치 않아 보인다. 그뿐인가 젖이 줄줄 흐른다. “아무래도 쫑이가 이상해.” 그제야 당황한 언니와 안고 병원으로 달려갔다.

“상상임신입니다.”

여러 번의 상상임신으로 자궁상태가 안 좋을 수 있기 때문에 정밀검사를 해보아야겠다는 의사 말을 들을 때까지도 그리 큰 걱정을 안했다. ‘뭐 그리 큰 문제가 있겠어. 먼저처럼 가라앉겠지.’ 하지만 의사의 다음 말은 충격적이다.

“자궁축농증입니다. 자궁이 많이 부어있어요. 그런 느낌을 쫑이는 자신이 임신을 했다고 생각하는 거죠. 임신에 대한 내적 갈등이 신체에까지 영향을 미치게 되고 이에 내분비계의 변화를 유발하여 여러 증상들을 나타나게 하는 것으로 알려져 있습니다. 그런 생각만으로 젖이 나오고요, 예민해지기도 하죠. 수술이 시급합니다. 염증이 심하면 생명에도 영향을 줍니다.”

의사의 말을 듣는 순간 나와 언니는 입을 다물지 못하며 쫑이를 안쓰럽게 쳐다봤다. 그런 줄도 모르고 밥만 안 먹는다고 미워했으니 얼마나 미안한가.

수술을 서둘렀다. 몸속에 아픔을 지녔는데, 재롱을 떨지 않는다고, 밥을 안 먹는다고, 평소와 다르다고 구박을 해댔으니…. 쫑이가 수술 받는 2~3시간 동안 자책과 불안으로 안절부절못했다. 나이가 많아서 수술이 어렵지는 않을까? 유난히 겁이 많은

데 잘 견딜 수 있을까?

마취에서 깨어난 쫑이를 보러갔다. 몸 아랫부분에 붕대가 둘둘 감겨 있다. 아직 혼미한 상태에서도 눈을 가늘게 뜨고 알은 척을 한다. 언니가 다가서니까 몸을 일으키려고까지 한다. 나와 언니는 입을 비쭉이며 기어이 울음을 터트렸다.

"가엾어라. 그렇게 아픈 줄도 모르고."

의사는 자궁이 염려보다도 더 많이 부어있어서 위험했단다. 그리고 쫑이가 스스로 출산한 줄 생각할 수도 있다고 했다. 새끼가 눈앞에 보이지 않으니 우울증에 빠질 수도 있다고 했다. '아니 왜들 야단이야. 새끼를 낳을 때는 다 그렇게 아픈 거 아냐. 그런데 내 새끼들은 어디 있지?' 크고 맑은 눈을 뜨고 우리에게 묻고 있는 듯하다. 나는 쫑이의 눈빛에 고개를 돌렸다. 해 줄 말이 없기 때문이다. 그동안 쫑이가 눈빛으로 건네는 말에 유심히 귀 기울여 본 적이 있었나? 뭔가 속내를 헤아려 보려고나 했었나?

퍼그종인 아홉 살짜리 쫑이는 한 번도 새끼를 가져본 적이 없다. 한 마리 키우기도 힘이 드는데 새끼까지 감당할 수 없다고, 짐승의 기쁨 중 최고인 새끼 사랑의 기회를 주지 않았다. 몇 번이나 상상임신을 했는데도 모질게 고개를 저었다. 이웃집에 새끼를 낳은 개가 있었는데, 나가기만 하면 그 집으로 달려가서 들러붙어 싸울 때도 성질이 못되서 그렇다고 생각했다. 어미 개가 너무 부러워서, 한바탕 난리를 치고 오는 줄 짐작이나 했겠는가.

문득 얼마 전에 읽은 신문기사가 생각났다. 황새복원센터에 따르면 번식을 억제하기 위해, 알을 꺼내면 황새가 계속 알을 낳느라 에너지를 소진하기 때문에 나무로 깎아 만든 가짜 알을 넣어준다고 말했다. 번식기 동안 가짜 알을 품게 함으로써 더 이상 알을 낳지 않게 만든다는 것이다. 사육시설도 비좁은 편이고, 먹이를 마련할 돈도 부족해서란다.

나도 쫑이에게 가짜 알을 품게 해주듯이 맛난 간식이며 장난감을 던져주었다. 인간과의 사랑에 푹 빠지게 만들어주었다. 인간의 이기적인 판단으로, 짐승의 새끼 사랑의 본능적인 기쁨을 빼앗아버렸다. 그러나 쫑이는 가짜 알인 속임수에도 진짜 임신을 원했던 듯싶다. 임신인 줄 알고 뱃속에서 느껴지는 거북한 증상도 참고 있었던 거다.

전에 개를 많이 길러보았다. 물론 출산도 여러 번 지켜보았다. 어미는 한 번도 해 보지 못한 출산을 능숙하게 해낸다. 탯줄을 자르고 열심히 핥아도 준다. 놀라운 본능의 몸짓이다. 똥오줌도

다 받아먹는다. 새끼는 난 지 이 주일쯤 지나면 눈 가장자리에서부터 바늘구멍만큼 뚫어지면서 눈물이 흐른다. 눈을 뜨고 어미를 바라다보기 시작할 때면 얼마나 대견하고 귀엽겠는가. 이빨이 나기 시작해서 젖을 씹어 대면 아파서 이리저리 피해 도망다니다가도, 눈 꾹 감고 다시 주저앉아 젖을 먹이는 훌쩍 여윈 어미의 모습이 순교자처럼 거룩하기조차 했다. 비틀거리면서 다니다가 어느새 깡충깡충 뛰어다니는 새끼들을 멀찌감치 떨어져 쳐다보는 어미의 눈빛이 애잔했다. 이제 떼어 보내야 할 때를 예견하는 건가. 그러다가 하나 둘 곁에서 사라지고 나면, 한동안 멀건이 허공을 바라다보는 어미의 눈빛에 슬픔이 가득했다.

짐승의 어미란 그런 거다. 종족번식을 위한 출산이지만, 생명을 내놓을 만큼 진한 사랑을 쏟아 붓고 다시 이별을 통해 성숙해지는 것이라고. 우리는 쫑이에게 그런 기회를 주지 않았다. 너를 위해서라고, 우리 형편을 이해해 달라고… 가짜 황새 알을 주듯이 이기적인 변명을 해대면서 새끼를 가지지 못하게 했다. 참 모진 인간이라는 생각이 든다. 엄마가 되어 보지 못한 나의 속 깊지 못한 생각이었을까.

수술 후에 우리를 쳐다보는 쫑이의 눈빛이 슬프다. 생명은 건졌지만 다시는 어미가 될 수 없음을 알아버린 걸까.

어느새 쫑이 배의 한 뼘도 넘는 흉터가 아물었다. 사람보다 훨씬 빠른 회복이란다. 작은 몸뚱이에 이유도 알지 못하는 칼을 대고도 우린 사랑한다고 말했다. 미안하다. 정말.

손해 보는 세상

이야기 하나

아침식사 대용으로 늘 가까운 떡집에서 떡을 산다. 또 복지관 시모임을 위해서 일주일에 한 번은 떡을 사곤 했다.

하루는 시모임에 가려고 회비 만원을 내고 이천 원짜리 떡 한 팩을 샀다. 그리고 거스름돈을 받아야 하는데 그냥 휙 나와 버렸다. 건물을 나서니 비가 내리기에 가방 안에서 우산을 찾아 쓰고 갔다. 아무 생각도 없이 얼마큼 가다가 거스름 돈 생각이 났다. 지갑을 아무리 뒤져도 돈이 없다. 요즘 가끔 내가 저지르는 실수 중 하나다.

오는 길에 가게에 들러서 물으니 주인아줌마도 모르겠다고 한다. 준거 같기도 하고 안 준 것 같기도 하다는 거다. 난 분명히 안 받았다고 우겼다. 빈 지갑이 확신을 준 거다. 결국은 팔천 원 거스름을 받고 나왔다.

문제는 그 다음부터다. 돈을 내준 주인아줌마의 얼굴이 일그러졌다. 몹시 기분이 상한 모습이다. 늘 친절하고 좋아보이던 아저씨 표정도 마찬가지다. 난 똑 부러지게 따져서 손해를 보지 않았다고 의기양양 한 얼굴로 가게를 나왔는데…. 그런데 기분이 영 좋지만 않은 거다. 하루 종일 그 팔천 원이 나를 따라 다녔다. 혹 우산을 꺼낼 때, 지갑에 넣지 않고 그냥 가방 안에 찔러 넣은 돈이 떨어진 것은 아니었을까? 그런 생각을 떨쳐버릴 수가 없었다. 먹은 떡이 쑥 내려가지 않고 얹혀 있는 것처럼 답답했다.

결국 돌아오는 길에 떡 가게를 들렀다. 아무래도 나의 실수로 남을 손해 보게 할 수가 없노라고 팔천 원을 다시 내밀었다. 마음을 불편하게 해드려서 정말 미안하다고 거듭 사과를 했다. 돈을 받을까 말까를 놓고 멈칫거리는 주인 내외 앞에 돈을 밀어 놓고 나오니 기분이 날아갈 것 같다. 주인아저씨는 갓 쪄낸 시루떡 한 팩을 들고 따라 나왔다. 자신들이 실수했을 수도 있지 않겠냐며

떡을 건네준다. 난 물론 손사래를 치며 재빨리 그 가게를 벗어나서 집으로 왔다. 내 스스로 꽤 괜찮은 사람처럼 여겨져서 어깨를 으쓱거려 본다. 무거운 가슴 자리가 가벼워지는 것 같다. 물론 모자란 회비를 내가 채워 넣어야 했지만.

그 다음부터 떡 가게 주인 내외는 내가 떡을 살 때마다 웃는 얼굴로 덤을 얹어 준다. 나는 팔천 원 손해를 본 것이 아니었다. 그 이상의 이득을 본 게 아닌가.

이야기 둘

지난가을 거제도 여행을 했다. 숙소로 들어가기 전에 '날마다 기분 좋은 집'이라는 카페 간판이 붙은, 그 사람이 사는 집 앞에서 합류했다. 날마다 기분… 난 몇 번이고 되뇌어보았다. 날마다 기분 좋은 집에 사는 사람은 누구일까? 날마다 기분이 좋으면 어찌 사나? 날마다 맛난 걸 먹으면 그 맛의 소중함을 모를 것이며, 날마다 기분이 좋으면 좋은 기분의 맛을 어찌 알겠는가? 나는 괜스레 쓸데없는 염려를 하고 있었다.

함께 동행한 노시인님을 엄청 좋아하는 초설님이다. 우리의 거제 여행의 가이드를 자청했는데, 노랗게 물들인 긴 머리를 하나로 묶은 모습이나 체크무늬 스커트를 바지 위에 걸친 차림이 예사롭지 않아 보인다. 그 사람은 혼자라고 했다. 아니, 텅 빈 가게와 홀로 선 섬과 빈 바다와 아무 누구와 손잡지 않은 바람과 함께하기에 늘 외롭다고 했다. 고독을 걸쳤기에 너무 슬퍼 보일까 하여 옷마다 반짝이는 별을 달았다고 했다.

그는 3박 4일 동안 대가를 바라지 않고 거제도 구석구석을 달리며 좋은 곳을 보여주려고 애썼다. 시간과 힘을 쏟아 붓고도 아까운 기색이 전혀 없다. 수지 타산을 맞추자면 분명 손해를 많이 본 것 같은데 표정은 기분이 엄청 좋아 보인다.

그는 늘 사람들을 만나고 정을 듬뿍 나눠주고 쓱 그냥 돌아선다. 챙기는 게 없다. 오히려 뭔가를 더 주지 못해서 안달이다. 자신이 주인공이 아닌 행사에 자신의 돈을 털어가면서 신나게 합류한다. 주머니 속에서는 불만을 털어놓겠지만 표정은 마냥 즐겁다. 그래서인가 그에게는 속마음을 털어놓고 지내는 친구가 많다. 그는 손해를 본 것이 아니었다. 써서 없어질 물질 대신 변하지 않는 마음을 저축하고 있었던 거다.

손해와 이득은 손바닥의 앞뒷면 같아서 매 순간 다가설 수도 있고 매 순간 멀어질 수도 있다는 생각이다. 여태껏 작은 것 하나라도 손해를 보지 않으려 바동거리며 살아왔지만 크게 쌓아

놓은 것도 없다는 생각이 든다. 오늘은 손해를 통한 이득도 있다는 걸 깨달았으니 얻은 게 아주 없는 건 아니다.

또한 나이를 먹는다는 게 젊음을 잃어버리며 가는 거라고 생각할 때가 있다. 그러니 분명 손해를 본 건데, 이전보다 더 깊이 있고 더 넓게 그리고 오래 참음으로 나를 다독일 수 있으니 더 많은 이득을 본 것이 아닐까.

머피와 샐리의 법칙

이상하게 기분 나쁜 일이나 혹은 기분 좋은 일이 하루 중에 혹은 주기적으로 연속적으로 일어난다는 놀라운(?) 사실을 발견했다. 뿐인가. 불운은 절대로 혼자오지 않고 떼를 지어오는 것 같다. 행복도 마찬가지인 듯싶다. 비슷하게 몰려다닌다.

어느 날, 막 정류장에 도착함과 동시에 내가 타려는 노선의 차가 떠나버렸다. 배차간격이 제법 긴 차였기에 투덜거리면서 다음 차를 기다려야했다. 그런데 그날은 계속 그렇게 간발의 차이로 차를 놓치는 거다. 귀가길 역시 버스를 놓치고 한참이나 고생을 했다. 한 번 일이 어긋나면 연달아 나쁜 일이 생기는 이치인가?

뿐인가. 내가 간 곳은 5층 건물이었는데, 막 들어서니까, 한 무리의 사람들이 엘리베이터 안으로 들어서면서 문이 닫혔다. 난 한 발자국 늦어서 그만 문 앞에 멈춰 있어야 했다. 그때 막 경비아저씨가 '엘리베이터 점검'이란 푯말을 들고 오는 게 아닌가. "언제 다시 움직이죠?" 물었더니, "모릅니다."라는 퉁명스러운 대답만 돌아왔다. 한 발자국의 차이로 난 5층을 땀을 뻘뻘 흘리면서 힘겹게 걸어서 올라갔다. 더 화가 나는 건, 내가 다 올라감과 동시에 엘리베이터가 움직이기 시작했다는 거다.

오래전 일이다. 아침에 컵에 인삼과 대추를 달인 약물을 따라 놓았는데, 얼마 후 보니 하나도 남아 있지 않았다. 주위 사람을 의심을 해보았다. 사실 주위사람이라야 어머니뿐인데 어머니는 열이 많아서 인삼을 못 드시지 않나? 그러면 분명 어머니가 컵을 건드려서 쏟았을 거라고 나름대로 추측을 하면서 원망을 했다. '시치미를 딱 떼시고 있구나.' 그런데 한편 미심적어 다시 컵에 물을 따라보았다. 웬걸, 컵 밑으로 모두 새어버리는 게 아닌가. '저런 컵이 새는구나.'

그날 오후 문우들과 회식 후 녹두 빈대떡을 시켜 먹고 어머니 생각이 나서 포장을 부탁했다. 그리고 돌아오는 길에 갑작스런 소나기를 만나 순식간에 옷이 흠씬 젖었다. 서둘러 버스를 타고 보니 손에든 쇼핑백의 무게가 가볍게 느껴졌다. 쇼핑백 역시 젖어서 밑이 찢어져버린 거다. 물론 그 안에 빈대떡도 어느 곳에선가 사라져버렸다. '연속적으로 밑 부분이 허술한 날' 난 그날을 그렇게 이름 지어야만 했다.

요즘 난 기분이 별로 좋지 않다. 그 연속으로 일어나는 재난이 나의 기분을 망가뜨리고 있다. 환절기를 넘기기가 어려운데 치과 치료를 받으러 다니느라 많이 힘들었다. 말을 하기조차 힘들게 기력이 떨어졌다. 그래도 난 나에게 오는 전화를 한 번도 피곤한 내색 없이 받았다. 내가 할 수 있는 일이라면 최선을 다하고 싶었기 때문이다. 어느 누구에게라도 소홀히 대하지 않으려 애를 썼다고 생각했는데, 그런데 한 친구가 내가 전화를 기분 나쁘게 받았다고 뒷말을 하더라는 거다. 내 목소리가 기력이 좀 떨어지면 시큰둥하게 들리기는 하지만, 그런 게 아닌데…. 뭔가 크게 반겨주기를 기대했기 때문이 아닐까? 나름대로 이해를 해보려 했지만 한동안 기분이 나빴다.

얼마 전에는 건강검진의 이상으로 인해서 정밀검사를 받으라는 통보를 받았다. 가슴이 몹시 뛰고 불안했다. 즉시 초음파 검사를 했고, 미심쩍어 다시 신뢰할 만한 병원에 가서 재검사를 했다. 검진결과는 '이상 없음' 낮게 내려온 구름 탓에 가려진 하늘이 선명하게 개는 것 같다.

영화 '해리가 샐리를 만났을 때'의 여주인공인 샐리는 엎어지고 넘어져도 결국 해피엔딩을 이끌어 내는 밝고 긍정적인 인물이다. 하려는 일이 술술 잘 풀리고 행운이 내 앞에 가득하다는 것, 생각만 해도 기분 좋은 일이 아닐까. 샐리의 법칙은 '좋은 암시를 하면 좋은 일이 일어난다'는 잠재의식의 법칙이기도 한 듯하다. 또한 긍정적인 생각은 긍정인 일로 귀결된다. 머피처럼 안 되는 일에 속상해 하며 살 것이 아니라 샐리처럼 매사를 긍정적으로 생활한다면 지금처럼 힘들고 어려운 시기에도 힘 있고 활기찬 생활이 되리라 확신해도 된다.

불운이나 행운은 본디 변덕이 심하다고 한다. 항상 같은 곳에 머물지도 않는다. 우리는 행운이 오래 계속될 때에 발걸음을 멈추고 이를 의심해 보아야 한다. 불운 역시 지금쯤 물러갈 준비를 하고 있는지 모를 일이다. 더구나 좌절을 겪은 후에 찾아오는 행복이 더 짜릿한 법이 아닌가. 기쁨과 슬픔은 마주 보고 있어야 더욱 빛나듯이, 더러는 가슴 벅차도록 기쁘기도 했지만 또 많이 슬프고 힘든 일들이 연속적으로 일어나는 삶 어느 지점에서 나는 서성이고 있다. 다음엔 행운버스가 오기를 간절히 기다리면서.